Les mondes gémellaires

NORBERT-BENJAMIN DELAIRE

Les mondes gémellaires

© 2017, Norbert-Benjamin Delaire

Edition: BoD - Books on Demand
12/14 rond-point des Champs Elysées,
75008 Paris
Imprimé par Books on Demand GmbH,
Norderstedt, Allemagne

ISBN : 978-2-3221-1771-0
Dépôt légal : juin 2017

Préambule 1

Les mondes gémellaires existent sous différentes formes et aspects. Dans les textes que vous allez aborder, il s'agit de deux dimensions qui s'interfèrent. Un monde formé de la matière et accueillant la vie végétale, animée, puis un second monde situé dans l'invisible et l'abstrait, mais bien réel dans la consistance de l'esprit. Ils sont jumeaux dans le sens qu'ils échangent des données et informations importantes. Les âmes vont de l'un à l'autre, en passant de l'incarnation située dans l'invisible vers cette dimension du matérialisé que nous connaissons et qui est notre univers de l'animé matériel, de l'expression totale de la vie. Puis c'est le retour vers cet autre Monde de l'abstrait à nos yeux, pour y trouver une forme de bonheur de l'esprit. Ces deux Mondes sont donc bien jumeaux dans le sens où ils s'alimentent réciproquement dans leurs forces actives. L'une dans le spirituel, l'autre dans le physique et le matériel.

Ces Mondes sont différents dans leur nature, mais ils ont besoins l'un de l'autre. Ils avancent ensemble depuis le début des temps. Ils sont des univers variés et particuliers mais complémentaires pour leur propre existence. Réalité de l'abstrait et réalité matérielle, voilà les deux mots que nous tenterons de décrire et d'analyser.

Et puis, cette réflexion originaire de l'Inde Ancienne qui nous dit que le monde des arbres s'inverse dans son apparence, que l'on soit sur la Terre ou bien au Ciel. Les branches, les feuilles, les houppiers sont en fait les racines et les racines terrestres se transforment en houppiers et feuillaison et l'identification de l'arbre matérialiserait cette inversion entre nos Mondes et dimensions. Curieuse vision qui nous rend encore plus interrogateurs. De quelques endroits d'où nous arriverions nous verrions l'arbre toujours dans le même sens. Il s'inverserait dans les différents mondes pour nous laisser croire à sa matérialisation existentielle constante. Serait-il le passage obligé d'un monde à l'autre ? On peut le supposer, car dans sa grande formation physique, l'état racinaire est semblable à celui de son houppier. Les grosses racines correspondent aux grandes branches et vice-versa. L'inversion est une éventualité qui induit les possibilités des mondes d'interférer entre eux par cet intermédiaire.

Peut-être est-il le passage entre les deux Mondes et leur trait d'union ?

Mais, l'arbre devient cosmique et le Ciel Père prend l'ascendant sur la Terre Mère. Cette priorité des feuilles sur les racines serait une priorité donnée au masculin sur le féminin et à la spiritualité céleste sur la maternité Terrestre.

« L'esprit est prompt, mais la chair est faible »
(Spiritus promptus est, caro autem infirma)
Jésus CHRIST

« L'esprit souffle où il veut »
(Spiritus ubi vust spirat)
St-JEAN-Apôtre

QUELQUES PENSEES PROFONDES

La foi a besoin de toute la vérité
RP. Pierre TEILHARD DE CHARDIN

C'est Dieu qui nous fait vivre
C'est Dieu qu'il faut aimer.
François de MALHERBE

C'est le coeur qui sent Dieu et non la raison.
PASCAL

L'univers m'embarrasse, et je ne puis songer que cette horloge existe et n'ait pas d'horloger !
VOLTAIRE

Les beaux esprits se rencontrent.
VOLTAIRE

Les biens de la Terre ne font que creuser l'âme et en augmentent le vide.
René de CHATEAUBRIAND

Car les oiselets chantaient, chantaient Dieu, les bêtes le réclamaient, les éléments le redoutaient, Les montagnes le résonnaient, les fleuves et fontaines lui jetaient oeillades, les herbes et les fleurs lui riaient.
Jean CALVIN

Plus on approche de Dieu, plus on est seul. C'est l'infini de la solitude.
Léon BLOY

Cette opinion, que la vérité se présente quelquefois à vous pendant le sommeil, est répandue chez tous les peuples de la Terre. Les plus grands hommes de l'histoire y ont ajouté foi. L'ancien et le nouveau testament nous fournissent quantité d'exemples de songes qui se sont réalisés.
Bernardin de St-PIERRE

Pourquoi douter des songes ? La vie, remplie de tant de projets passagers et vains, est-elle autre chose qu'un songe ?
Bernardin de St-PIERRE

Qui habite les songes ne meurt jamais.
Georges SCHEHADE

Le temps scintille et le songe est savoir.
Paul VALERY

La femme aura Gomorrhe et l'homme aura Sodome et, se jetant de loin un regard irrité, les deux sexes mourront chacun de leur côté.
Alfred de VIGNY

L'esprit est tout le contraire de l'argent, moins on en a, plus on est satisfait.
VOLTAIRE

Entre l'esprit religieux, au vrai sens du terme, et l'esprit moderne, il ne peut y avoir qu'antagonisme.
René GUENON

Ne disons pas de mal du diable : c'est peut-être un homme d'affaires du bon Dieu.
FONTENELLE

INTRODUCTION

Ces textes sont une suite à mon premier ouvrage sur la spiritualité et l'ésotérisme. Ils sont construits avec philosophie et ils tendent de développer des sujets partiellement abordés dans « *Nous sommes les Racines du Ciel* ».

Ils se relient à l'analyse de l'humain, ses comportements et surtout aux vécus que j'ai pu interprété tout au long de mon existence. Il s'agit parfois d'un vécu fait de petites réalités, mais aussi d'informations qui me sont transmises par l'inspiration provenant de l'autre dimension. Celle que nous refusons parfois et qui nous amuse dans notre grande incrédulité. Pourtant, nous ne devons pas prendre à la légère de telles choses car elles sont les plus fines, les plus éthérées qu'il nous soit donné de connaître.

Frères et compagnons bien-aimés de notre époque vécue, soyez assurés de ma sincérité et j'ai voulu vous laisser une trace de mon témoignage et vous transmettre les données en ma possession. Elles sont véritables et imagées dans la mesure où mon inspiration se révèle de l'enseignement que mon mental et mon esprit spirituel ont reçu.

C'est à travers cette grande philosophie que je m'adresse à vous pour permettre à vos consciences d'interpréter d'autres réalités que notre monde civilisé constitué nie parfois dans leur existence.

Je suis donc votre serviteur respectueux à travers ma plume d'auteur.

1. LES AMES.

Nos ancêtres ne nous ont pas parlé de ces choses, et nous constatons que la vie où nous nous agitons est absolument différente de la vie qu'ils ont peinte. Ont-ils trompé ou bien ne savaient-ils pas ? Les signes et les mots ne servent plus à rien et presque tout se décide dans les cercles mystiques d'une simple présence. Il n'y a presque plus de refuges et les hommes se rapprochent. Ils se jugent par-dessus les paroles et les actes, et jusque par-dessus les pensées, car ce qu'ils voient sans le comprendre est situé bien au-delà du domaine des pensées. Une foule de conventions, d'usages, de voiles et d'intermédiaires inutiles retombent aux abîmes et presque tous, sans le savoir, nous jugeons selon l'invisible. Il faut croire que l'homme va bientôt toucher l'homme et que l'atmosphère va changer. Sommes-nous sur la route instructive et lumineuse de la simplicité des êtres ? Attendons en silence, peut-être allons percevoir avant peu « le murmure des Dieux ». Les temps sont venus où nos âmes s'apercevront sans l'intermédiaire des sens

On ne sait pas ce qu'elle est, cette activité silencieuse des âmes qui nous entourent. Vous avez dit une parole pure à un être qui ne l'a pas comprise. Vous l'avez crue perdue et vous n'y songiez plus. Mais, un jour, par hasard, la parole remonte avec des transformations inouïes et l'on peut voir les fruits inattendus qu'elle a portés dans les ténèbres. Puis tout retombe dans le silence.

(Le Trésor des Humbles-Maurice Maeterlinck)

2. MON EDUCATION

J'ai reçu, comme beaucoup d'enfants de notre région de l'Europe Occidentale et notamment dans la zone Ouest de notre pays, une éducation basée sur les influences d'une religion présente sous de nombreux aspects. Il s'agit de la religion dite catholique, laquelle se relie au monde des philosophies portées par la pensée Judéo- Chrétienne. J'ai donc été formé à cette école, non pas directement au sein des structures organisées de la religion, mais dans ma famille d'obédience laïque.

Les philosophies régnantes dans l'éducation étaient portées par le souci unique de faire de nous de bons chrétiens. Mais, en de nombreuses contrées, les adultes n'expliquaient pas le pourquoi de ce comportement. Il fallait y adhérer sans poser de questions et à l'aveuglette comme l'on dit. Il y avait beaucoup d'interdits et de négation de la vie dans sa réalisation. Personne n'essayait d'expliquer que nous portions une âme et qu'il fallait bien une système, une organisation pour fertiliser cet état. Les adultes restaient dans le vague et ils semblaient plutôt suivre une route déjà tracée tel un troupeau.

Le Clergé de l'Ouest était très puissant, sectaire, dogmatique et il s'était allié avec la noblesse déchue, parfois pour faire exercer une domination sur les êtres. La religion était brandie comme une arme absolue et les menaces de brûler dans les feux de l'enfer étaient couramment employées. Les femmes et les hommes des couches sociales ordinaires étaient terrorisées et appeurées. Peu importe, ces deux composantes sociales dominantes continuaient leur développement de cette philosophie aliénatrice et confiscatoire. Tout semblait figé et aucune avancée sociale ne s'annonçait. Pire même, je crois que tous les hobereaux de province rêvaient en secret, de mettre la royauté au goût du jour. Pauvre monde auquel s'alliaient les notables intellectuels des régions campagnardes. Ceux-ci détenaient, en toute possession, des terres cultivables sur de grandes surfaces et ils tenaient entre leurs mains les petits paysans sans fortune obligés de louer les terres pour exercer. Une personne m'expliqua que ces couches sociales dominantes sur la société organisaient souvent un chantage avec la religion. Pour pouvoir louer les terres de ces bourgeois bien pensants, le paysan devait promettre d'aller à la messe tous les dimanches. Sinon, point de location ! Donc, tout le monde s'exécutait pour vivre ou survivre.C'était pour ma part dégoûtant et abject et cela dura jusqu'en 1965. Après, un virage s'amorça, mais dans nos contrées, les femmes et les hommes sont très soumis encore à la religion et aux positions sociales dominantes.C'est un danger pour la démocratie et une absence d'analyse de la libre détermination de l'humain. Il fallait donc, lors de mon adolescence être consensuel sur ce sujet et ne point provoquer. J'ai rapidement compris qu'il fallait bien distinguer le comportement des hommes de la philosophie réelle du christianisme. Pour ma part, le message de Jésus et des prophètes était libérateur et annonçait l'émergence d'un homme libre dans une entière détermination. Non pas un homme soumis, résigné, prisonnier dans des grands principes qui conduisent à l'aliénation mentale et intellectuelle. Bref, dans mon éducation, je reçus information de tous ces principes, mais je n'en retirais que certains reliés à l'essentiel : l'élévation spirituelle de l'esprit et de l'âme. Pour moi, cela était une affaire d'individus libres et non influencés par des couches sociales aux comportements et discours péremptoires.

De nombreuses personnes allaient à l'office du dimanche et la messe était dite en latin. Mais, combien de ces personnes connaissaient parler et comprendre le latin. Aucune, sauf le prêtre !

Alors, cela avait plutôt l'air d'incantations intuitives qui s'élevaient de tous les participants. Ils répétaient, sans comprendre, ces mots et ils étaient satisfaits d'eux : ils avaient participé. Cela se révélait plutôt primaire, identique aux peuplades qui répètent des incantations sans fondements, dans le seul but de donner une dynamique au mouvement des participants.

Bref, cette éducation assez restrictive que je reçue n'orientait pas vers plus de connaissance et d'affirmations sociales des hommes. Elle en cernait tous les contours et peu de place était laissé à l'expression personnelle de l'être.

Je fis très vite le tour de ces réalités et j'analysais plus profondément ce que voulait nous signifier la religion. J'en découvris avec le développement de ma culture personnelle, les grandes philosophies et les contours, ainsi que les errements décrits. Tout en étant croyant en un Dieu Créateur et sa force d'esprit spirituel élevée, je continuai mon chemin sans me soumettre et entrer dans ce jeu pervers des dominances morales sur l'autre ou les autres. C'était même très intéressant et instructif de découvrir l'historique et toute l'histoire de la Chrétienté.Je compris très vite que l'organisation mise en place n'était pas Dieu et Jésus pour autant et que le message transmis à mes yeux, n'était pas philosophiquement sclérosé et sectaire, mais bienveillant, aimant et baignant dans le respect de l'homme. C'est donc à partir de cette vue que je compris que nos attitudes dans la vie doivent être empreintes de nos noblesses des actes et des sentiments. Je découvris très vite la dynamique de l'âme et sa nécessité évolutive, mais non sa pétrification par un pouvoir despotique et terroriseur des esprits. Le message était simple et il voulait nous dire : Je vous aime et aimez-vous les uns, les autres ! Voilà, succinctement écrit et résumé le sens des informations reçues. A partir de là, nous pouvions entreprendre de grands chantiers de fraternisation, dans le respect des peuples. Rien à voir avec ce que l'on nous enseignait sur le patriotisme et la présence incessante de nos ennemis nous environnant dans ce monde. Il fallait bien que nous évoluions avec cet esprit là, car c'était celui du guerrier, de l'intolérant qui s'exprimait, enfin celui qui a peur de tout, de l'autre et de lui-même.

Arriva donc 1968 et là, une génération, la fleur à la main, remit le monde à l'endroit en de nombreux lieux sur la planète. C'était presque inspiré au vu des constatations précédentes. L'essentiel pour moi dans la vie est que chacun se sente responsable de sa conscience, son esprit, son âme, cette partie de lui-même qui assure sa sauvegarde en des lieux où nous y trouvons le bonheur et l'harmonie. Cela est une grande réalité existentielle de l'humanité et notre élévation spirituelle est nécessaire dans la liberté d'éxister ainsi que pour la construction d'un monde de dimensions plus humaines et juste, rempli de respect.

Au-delà de ces éducations, il faut philosophiquement que nous accédions à ces possibilités, sans contraintes quelconques.

3. LA PENITENCE

J'étais âgé d'environ huit à neuf ans et j'allais comme beaucoup d'enfants d'alors au catéchisme. Je fréquentais l'école Laïque où mes parents m'avaient inscrit. Dans le village, il existait deux philosophies pensantes de l'enseignement ; le Laïc et le Catholique.

Quand nous allions au catéchisme, nous étions encadrés par les enseignants du Catholique. C'était la même chose lorsqu'il fallait participer à l'office du dimanche.

J'avais remarqué que ces instituteurs n'étaient pas vraiment neutres dans leurs jugements sur le Laïc et ils essayaient de nous brimer, soit par la parole, soit par la punition.

Un jour, alors que j'assistais, avec mes camarades , tout au moins certains, à cet office célébrant le jour de Pâques , un de ces enseignants trouva que j'étais dissipé à ses yeux, et il décida de me mettre en pénitence sur la trappe donnant accès à la crypte de l'église. Cette trappe se trouvait dans l'allée centrale, légèrement en arrière de la nef, mais également à la vue de tous les participants à l'office. Il me fit mettre debout, sans bouger, tout le temps que dura la messe. Ce fut pour moi pénible et très humiliant.

Certains membres de ma famille qui assistaient furent choqués que l'on ait une telle attitude envers un enfant. Enfin, j'acquiesçai et je supportai ma pénitence avec courage et abnégation.

J'aurai dû m'enfuir de ce lieu, laissant ce tortionnaire moral d'enfant avec sa conscience.

Mais, le plus grave en soi, c'est qu'il avait déconsidéré à mon opinion l'église et tout son système que j'analysais dorénavant dans un despotisme ambiant et régnant. Mon jugement n'était pas faux dans sa globalité, car l'expérience m'a montré que les prêtres s'alliaient à la bourgeoisie et la noblesse déchue pour humilier et soumettre les braves gens.

4. L'INSPIRATION

« L'inspiration ne dépend pas de la volonté : c'est un don du ciel » (Spiritus flat ubi vuit.) St-JEAN-Apôtre.

Un jour, une personne de mes amis me dit que mon style d'écriture était relié à un accompagnement par l'autre dimension. Je m'interrogeai, puis je découvris très vite que c'était une grande réalité car l'inspiration me relie à une autre dimension. ; celle plus fine et éthérée des choses et des êtres. C'est une vibration de la plume agile et fertile.

Jusqu'à cette information, je ne croyais pas à cette possibilité, mais elle existe bien et c'est agréable, fortifiant, inspirateur de laisser aller sa plume dans de telles conditions. Elle permet à une vibration de s'extérioriser et il a fallu l'effet d'un voyage astral (se conférer à Nous sommes les Racines du Ciel) pour que je puisse développer dans la plénitude cette existence. Ceci me permet de vous relater un vécu et une sensibilité venant du plus loin que je puisse aller. Elle m'offre la possibilité d'exprimer mes pensées et des expériences reliées à l'autre monde dont nous ressentons les possibilités immenses.

5. DIALOGUE AVEC DIEU

Je venais de m'éveiller au monde et mon âme devait s'instruire et prendre conscience de l'univers au sein duquel elle allait s'incarner et vivre. Dieu présent à mes côtés a bien voulu, dans son infinie bonté, faire mon instruction sous forme d'un dialogue.

Tout d'abord, j'ai ressenti son sentiment de tristesse affligeant les humains et l'humanité entière, au regard de ce qui venait de se passer avec le deuxième conflit mondial. Il en paraissait blessé et sa tristesse s'affichait devant tant de souffrances subies par tous les hommes de paix et de bonne volonté et le peuple d'Israël reconnu comme un bien aimé.

Comme je ressentais les émotions et les sentiments, nous pouvions dialoguer par télépathie. Je n'avais pas de cerveau, mais je pensais néanmoins et j'avais une conscience. J'aurais aimé que ce dialogue s'éternise, mais aujourd'hui je comprends la nécessité de ce partage entre toutes les âmes. Je fus même un bienheureux bénéficiaire, car en de nombreuses âmes ne peuvent approcher Dieu. Pour un nombre important d'âmes , elles n'ont pas accès à ce bonheur qui permet de rencontrer celui qui nous aime et nous donne ,à travers son immense Amour ,ce qui nous est bon pour nous rendre heureux ici-bas. Sur cette Terre, l'idée du bonheur est très relative. Elle est fonction des valeurs des âmes incarnées dans l'autre dimension.

Nous avons discuté et communiqué télépathiquement, dans un dialogue fertile, calme, serein, envahi par un monde de paix et de bien être. Ainsi, il me fut donné beaucoup de savoir et de valeurs qui font qu'aujourd'hui ceux-ci fertilisent ma vie d'homme sur cette Terre. Rien ne s'effaça de ce dialogue enrichissant et mon incarnation finale, dans le concret de la naissance physique n'occulta pas mes souvenirs. Il faut que je sois un bien aimé élu pour avoir cette faveur et ma mission est de vous communiquer mon vécu très particulier, pour que vous puissiez analyser, méditer et vous faire une idée de la nature humaine.

Avec mon premier ouvrage sur le sujet « Nous sommes les Racines du Ciel », j'ai donné corps à ma mission que j'avais reçue. Avec mon second en la matière, ce sera chose faîte. Je ne sais pas si les qualités de mes textes influenceront et inflériront la position des agnostiques, athés, incroyants et négationnistes. J'en suis très conscient et après la parution et diffusion de mes ouvrages, l'auteur que je suis libère sa conscience de son message porté. A chacun d'en faire l'usage qui lui semble approprié. Ma plume est mon bâton de pèlerin pour partir en croisade pour le monde de Dieu. A chacun sa vérité et son parcours parfois semé d'embûches.

Si, j'ai dévoilé une partie de l'Incarnation, c'est en toute simplicité et modestie pour que nous puissions, à notre façon, nous faire une idée de nos philosophies actives et passives. Certains réfuteront le sens de mes textes, d'autres les aduleront et ils les porteront aux nues. Moi, je sais qu'il faut rester serein, sage, paisible, modeste car ce sont les forces qui nous pénètrent dans toute leur bienfaisance. Quelque part, je n'ai rien à imposer et je n'ai pas à orienter vos voies, simplement à vous fournir les informations dont je dispose et ma vision du monde pour que ces vues soient actives, développées et prise en compte par un humain enfin disposer à écouter et comprendre le monde spirituel. Si je suis accueilli par l'indifférence, et bien tant pis et pour chacun de nous la vie suivra son cours. A chacun sa route, à chacun son chemin !

6. LE PATRIARCHE ET LES PREMIERES PERSONNES BIBLIQUES.

ABRAHAM : il fut le plus ancien patriarche. il est l'ancêtre des peuples Juifs, Arabes et Chrétien. Père des croyants, il fonda le monothéisme. Il représente le symbole de la soumission à Dieu et la foi absolue.

ADAM : C'est le premier homme selon la Bible –de l'Hébreu Adamâh « symbolisant la Terre des Hommes », il désobéit à Dieu en écoutant EVE, son épouse, et en mangeant le fruit de l'arbre du bien et du mal. Chassé avec EVE du Paradis, il s'oppose dans la philosophie au Christianisme. Selon certaines religions, il est responsable et a entraîné le genre humain dans la souffrance, le travail et vers le mal et la mort.

EVE : C'est la première femme de l'histoire humaine. Elle a donc désobéit avec ADAM et furent chassés par Dieu du Paradis. Elle entra dans le péché et l'enfantement se déroule désormais, dans la douleur. Elle fut créée à partir du corps d'ADAM, son mari. Après leur éloignement du Paradis, ils vécurent normalement et paisiblement. Ils eurent trois enfants : Abel, Caïn et Rod. Elle s'oppose à Marie, la nouvelle EVE rédemptrice du genre humain.

MOÏSE : Libérateur et législateur du peuple Hébreu, il fit sortir d'Egypte ses compatriotes. Dieu lui remit les tables de la Loi. C'est un des premiers prophètes proposant le monothéisme. Les autres chrétiens en tirent parfois une grande amertume et une grande ignorance.

En résumé, le premier homme fut ADAM et comme il s'ennuyait dans le Paradis terrestre, ou le Jardin d'Eden, Dieu décida de lui donner une épouse ou une compagne qu'il tira d'une de ses côtes. Malheureusement, elle convainquit ADAM de désobéir et ensemble ils furent chassés de ce jardin merveilleux.

Tous ces personnages bibliques ont eu une descendance et ils ont oeuvré au coeur d'un monde assez dangereux pour celui qui présentait des idées où la foi est reine.

C'est donc à partir d'eux que le destin de l'humanité s'est perpétué. EVE ouvrit la fenêtre sur ce monde et à partir de là, l'humanité s'est donc amplifiée et multipliée. Ainsi, nous pouvons avoir une descendance, mais nous étions frappé par le pêché originel car Dieu veille sur son peuple bien aimé.

Ils sont les principaux acteurs des religions Chrétiennes, Judaïque et de l'Islam. Il leur est réservé une place de choix au sein de l'autre monde, au côté de DIEU le PERE.

JESUS-CHRIST : Il est le fondateur du Christianisme et déclaré fils de Dieu. Il professa par paraboles et il n'a pas procédé à l'établissement de sa doctrine par écrit. Il réalisa de nombreux miracles dont la résurrection de Lazare, mort de maladie.Doté de pouvoirs surnaturels et Divins, il galvanisait les foules et il était également un très puissant philosophe. Il eu douze apôtres dont certains ont écrit les évangiles au nombre de quatre ouvrages. Il est mort terestrement à trente trois ans, condamné par les romains à la crucifixion. Il ressuscita au bout de trois jours Il rejoignit l'autre Monde ou celui du PERE à l'Ascension. Pierre, son premier apôtre fut le premier pape existant à Rome où il y fonda l'église.

Aujourd'hui, certains auteurs remettent en cause son existence telle qu'elle nous a été rapportée. Ils pensent que Jésus s'est marié et a eu une descendance. Certains archéologues eux, croient avoir trouvé son tombeau et son corps terrestre. Peu à peu, les humains semble le démystifier pour en arriver à démonter en partie les réalités évangéliques. En s'attaquant de plein fouet à Jésus, les historiens des temps modernes essaient de démontrer la non existence de plus en plus affirmée d'un autre monde et d'une autre dimension.

Sur certains points, l'église a été évasive et fuyante, notamment avec la réalité d'homme marié de certains apôtres dont Pierre. Ce dernier était un petit pêcheur sur le lacs de Tibériade.Il avait donc femme et enfants, mais sur ce dernier point nous n'en sommes pas sûrs. Ces occultations ont fini par créer une ambiguïté avec le sens des réalités affichées.

ASCENDANCE DE JESUS : Son père terrestre se nommait Joseph et il habitait en Galilée où il exerçait le métier de charpentier. D'ailleurs, dans son adolescence, Jésus a travaillé avec lui.

Marie est donc sa mère qui provenait, semble-t-il de France. C'est-àdire, à en croire les données fournies sur place, de Ste Anne d'Auray, en ces lieux bretons où résidaient Anne sa grand-mère et Joachim, son grand-Père. Ils allèrent habiter la Galilée quand Marie fut très jeune. La Sainte Vierge est donc Marie, mais sa maman, Ste ANNE est également apparue à un jeune laboureur nommé Nicholasyck, dans la localité de Ste Anne d'Auray. C'est un lieu chargé d'histoire où il faut aller en pèlerinage pour ressentir la force du monde spirituel. Elle est également la protectrice des marins.

7. LA DESCENDANCE D'EVE

Il réside une grande interrogation dans les textes. Ils ne disent pas comment la descendance d'Eve a pu s'organiser, car ils n'eurent que des garçons dont l'un mourut assassiné par son frère. Pour poursuivre cette oeuvre, il fallait bien une descendance et un genre féminin ! Là réside le grand mystère auquel nous ne pouvons répondre que sous forme d'hypothèses.

Dans un premier temps, la descendance d'Eve et d'Adam comportait peut-être une fille, cela reste éngnimatique. Dans une autre analyse, il se peut que les textes sacrés ne nous révèlent qu'une part de la vérité. Ils ne concernaient, peut-être, que certaines peuplades, mais d'autres existaient également et ceci entraîna la poursuite de la dynamique reproductive, si l'on peut dire. Les textes ne reconnaissent peut-être pas d'autres ethnies qui s'étaient développées, en parallèle, et ils stigmatisaient sur Adam et Eve. Là réside un mystère presque insoluble à notre logique et il aurait fallu que Dieu créé de nouveau une femme, pour donner une suite à la Création humaine. Qui est donc cette nouvelle Eve ? Nous n'en savons rien et il a fallu également que cette descendance soit composée des deux genres. Mais, plus inquiétant dans les analyses, c'est le fait qu'une reproduction s'effectuait entre frères et soeurs, puis cousins et cousines etc. Toutes les affres dues à l'hérédité devaient frapper de plein fouet notre espèce avec notamment la consanguinité. Ceci est bien le voile non levé sur l'espèce humaine et le monde ! Si Eve et Adam ouvraient cette fenêtre sur le monde, la logique multiplicative se trouvait interrompue par l'absence d'un genre. Le fait que Dieu ait permis que nous soyons exemptés des tares de l'hérédité est un signe de son pouvoir divin influent. Nous pourrions également évoquer une autre hypothèse. Ce serait notre venue sur Terre depuis une autre planète où l'humain aurait développé une civilisation. Nous serions arrivés par capsule spatiale pour nous y installer, non pas avec deux individus, mais un nombre suffisant permettant de se perpétuer.

Quand nous avons été en mesure d'aller dans l'espace, nous nous sommes rendus compte, notamment les astronomes et astrophysiciens, que se situait autour de notre planète, une capsule spatiale toute rouillée et très vieille. Que faisait-elle là ? Et qui avait envoyé pareille vestige la haut ? L'explication pouvait résider dans la fréquentation de la Terre bien avant que nous ayons conscience de notre humanité organisée. Tout simplement, nous serions issus d'autres mondes habités. Nous aurions une connotation extra-terrestre. Pourquoi pas ? Mais, il existe encore une possibilité que nous avons également du mal à admettre.L'homme et sa réalité corporelle seraient le fruit de l'évolution naturelles des primates. Sur des millénaires, l'espèce s'est affinée pour en arriver à donner concrètement une variante à l'espèce primitive. La science, parfois l'affirme, mais dans le fond de nous même nous n'y croyons guère, et pourtant de nombreux traits de caractères sont similaires. Rien ne nous permet de l'affirmer et il faut être prudent, mais cela nous remet les pieds sur terre, comme on dit. Ce que l'on peut comprendre, c'est qu'au moment ou Adam et Eve vécurent, le Jardin d'Eden était le Paradis sur Terre et donc de ce fait une zone préservée des autres peuplades. Il faisait bon y vivre et les richesses étaient abondantes avec des conditions de vie idylliques. Après avoir été chassés de ces lieux, Adam et Eve se sont établis sur d'autres territoires où d'autres peuples existaient et ainsi la suite de l'humanité put s'organiser. Ainsi, par ce biais, nous serions là aujourd'hui, dans cette réalité. Les différentes civilisations et peuples présents désormais sur la planète sont le reflet de cette identité plurielle. Les couleurs de peau, les morphologies, les langages, les coutumes sont autant de variantes originelles constatées. Il y a peutêtre dans toutes ces explications fournies par les textes, un sens tourné vers le singularisme d'un peuple, sans pour cela, que celui-ci soit le seul présent à cette période. Il y a peut-être plusieurs branches à l'homo. Une créée directement par Dieu, par son pouvoir divin et ayant évité les conséquences et la lenteur de l'évolution naturelle et terrestre. Une autre, avec les primates, en affinant la forme par l'évolution elle-même. Ainsi, se côtoieraient plusieurs humanités très différentes dans leur origine, leurs espèces, leurs esprits etc. Il ne faut pas écarter cette possibilité.Cela ne veut pas dire, non plus, que ces différences ont évincé l'existence d'une âme. Bien au contraire, si celle-ci est reliée à la conscience, nous pouvons dire qu'elle existe bien et elle définit le lien qui nous unit à notre Créateur, quelque soit la branche d'où nous venons. Il se pourrait donc bien que l'humanité soit fractionnée sur la durée de son existence, car elle aurait différentes origines. Ceci nous expliquerait pourquoi les pensées et les esprits sont si dissemblables et que l'avenir spirituel a parfois du mal à être pris en considération.

8. A QUOI SERT-IL DE CROIRE ?

Tout d'abord pour se rappeler à chaque instant l'existence de Dieu, Maître du temps et des choses, sans qui nous n'existerions pas et serions seulement poussière. Ensuite comprendre comment nous fonctionnons et surtout mettre une ponctuation entre l'âme et l'esprit et notre corps physique organisé et terrestre. Par ailleurs, philosopher sur la dynamique de notre âme, laquelle peut évoluer vers le bien ou vers le mal, ou ces deux attitudes de jugements moraux. Ensuite, tout ceci définit pour nous un niveau spirituel lié à notre âme et donc nous relie à un système de valeur de l'esprit lui-même Enfin et surtout, faire en sorte que nous croyons à une autre dimension des choses et des temps où les sentiments nobles sont rois. Je veux nommer l'Amour dans sa plénitude et la Bonté dans toute sa grandeur. Il s'agit que cette philosophie introduise dans notre mental un comportement ayant tendance à rendre les choses matérielles moins primordiales et principales dans leur propriété et accession. En finalité, tout ceci nous conduit à considérer la vie comme un miracle permanent et la mort comme un acte naturel où le corps vieillissant s'efface pour laisser à l'âme toute sa prépondérance et son importance. En résumé, cela concourre à ce que nous évitions les pièges tendus constamment autour de nous, par le chaos et le néant. Les forces de l'anti-vie sont parfois plus fortes et plus structurées que celles bienfaisantes et nécessaires à l'existence. Mais, surtout que nous ayons, pour ceux dont la philosophie est conforme à la pensée de Dieu, d'accéder aux félicités éternelles, par un monde débouchant sur les béatitudes, le plus grand état du bonheur connu et défini. C'est notre survie, dans l'au-delà qui est un enjeu majeur avec la sauvegarde de notre quintessence même. A partir de là, nous pourrons nous dire : « Oui, Dieu et Jésus existent et je les ai rencontrés ! » Ainsi, naît la foi.Ce mot est grand et signifie cette pensée positive tendue vers notre créateur, notre Père à tous, sans exception. Nous sommes tous ses enfants et malgré nos avatars dans cette vie, nous n'avons de cesse de la rechercher. Ainsi, avec la foi, nous pouvons donner un sens précis à nos vies ici-bas, dans les dimensions affirmées de ce monde.

9. QU'EST-CE QUE LA PRIERE ?

La prière est une incantation émise par l'homme afin d'entrer en dialogue avec Dieu ou bien Jésus, Marie ou tous les saints. Ces textes sont fortement portés par les sentiments d'une foi et un esprit interpellé. Ils sont établis pour qu'en finalité, l'autre monde puisse communiquer avec nous. Je crois que la prière nous donne des forces spirituelles additionnelles et elle permet la réponse de celui qui est contacté dans l'autre dimension. Pour interpeller, solliciter, demander les grâces et parfois le pardon de l'autre monde, nous devons passer par cette prière, cette incantation.

Je n'en suis pas sûr à 100% et il faut également comprendre que par la méditation ,la culture du silence,la paix intérieure,la sérénité ,nous atteignons parfois une communication avec ce monde. Pour ceux qui ont été pré instruit lors de l'incarnation, le contact est permanent et constant dans la réalité communicative. Je m'explique. J'ai donc rencontré Dieu lors de ma période prénatale et à partir de là, j'ai toujours eu un contact plus ou moins affirmé. Bien sûr, ceci n'est pas évident tous les jours, mais je sais qu'il est souvent à mes côtés ou bien un de mes anges gardien est présent. Notre Père à tous est là dans une dimension nous côtoyant et il nous le fait savoir par la communication de l'esprit souvent dans l'intuition. Son contact est revigorant et remplit notre âme de joie, d'allégresse, d'un bien être vibratoire d'une pureté remarquable. C'est un contact qui s'établit facilement à la condition de croire, bien évidemment en Dieu, en la création et la présence d'une autre dimension.

Quand je vous dis, j'ai eu parfois la preuve que j'étais accompagné lors de sortie marche, randonnées au sein de la nature, par un monde invisible à l'oeil, mais présent. Vous allez me dire : « Mais comment cela se matérialise ? » Et bien, au tout début, il survient un coup de vent brusque et léger alors que le temps est calme. Cela ressemble au souffle sur une flamme. puis, quelques secondes plus tard, apparaissent dans la poussière du chemin suivi, nous devançant des spirales d'air soulevant les grains de poussière. Ces spirales manoeuvrant la poussière du chemin et du sol soulèvent légèrement la matière et ses grains fins. Elles se déplacent en même temps que nous en nous devançant, mais elles se définissent très bien dans le milieu. N'apparaît aucune matérialisation, mais seulement les effets d'une présence qui nous accompagne. Je vous indique, ici, une preuve de notre accompagnement régulier par l'autre dimension et l'autre monde. C'est merveilleux, car si l'on sait méditer et contempler ces esprits nous ouvrent notre compréhension du monde, de notre propre mental et de ses capacités.

Mais attention, il existe également d'autres manifestations de l'autre monde par des esprits plus malins et un tantinet pervers. Il faut s'en méfier et je le sais pour l'avoir expérimenté que parfois ils nous condamnent toute forme de détermination sur une matière donnée. En général, ils sont vifs et puissants, déterminés et ils finissent par nous mettre devant ce que nous appelons le ou les faits accomplis. Ils réduisent sensiblement l'effet de réalisation des choses pour les rendre à leurs dimensions, leur temps, et de ce fait nous condamnent dans le libre choix de notre décision. Faites attention à ces esprits là car il se peut qu'ils soient à l'origine de beaucoup d'accidents, de nos difficultés, de nos problèmes d'appréhension des choses.

Ils décident dans le péremptoire et lors d'une rapidité absolue, nous laissant sans réaction mais définitivement orientés. Disons-le, mis au pied du mur ! C'est une réaction très désagréable de constater que l'on a pu déterminer son propre comportement, son idée de la chose et que la réalisation concrète s'effectue dans l'accomplissement avant notre totale réaction mentale ou de notre esprit.

Je n'ai pas rencontré très souvent ce genre d'esprit accompagnateur et j'essaie dorénavant que je connais leur indication de présence, de faire pour que mes pensées méditatives et philosophiques ambiantes les évitent et ne tombent pas dans leurs pièges.

Voilà décrit succinctement mes constats, mes contacts, mes relations avec l'autre monde.

10. J'AI RENCONTRE DIEU

J'aurais pu consacrer ma vie à Dieu lui-même en devenant professeur de théologie, prêtre au sein de la religion catholique. Mais également pasteur auprès du culte protestant.

J'aurais sans doute pu apporter certaines réponses aux personnes inquiètes, stressées par leur avenir spirituel. Je n'ai pas pris cette voie car dans mon jeune âge les études étaient affaires de gens aisés. Dans le milieu de la terre, il était la coutume que l'aîné de la famille soit le successeur sur la ferme familiale.

Donc, je ne me suis pas orienté vers les études et très tôt, il m'a fallu travailler. Je travaillais pendant les vacances vers l'âge de douze ans et je participais aux divers travaux des champs. A partir de quatorze ans, c'est là que j'ai réellement commencé ma vie de travailleur. Il ne fallait pas que je me plaigne car mes parents avaient débuté leur activité à l'âge de onze ans. Après avoir rencontré Dieu avant ma naissance, au moment de mon incarnation, le souvenir issu de cet entretien avec un dialogue affirmé, pouvait m'orienter vers le dévouement au sein d'un culte.

Ce qui me gêne dans les organisations des cultes, quelqu'en soit la pensée et l'esprit, c'est le fait que cela ressemble à un système organisé et sophistiqué de l'intérieur. L'individu servant se retrouve sous la coupe d'une autorité hiérarchique pas toujours consensuelle et parfois très dogmatique.

Ce serait plus le cas pour l'église catholique que pour le protestantisme, car je crois les pasteurs indépendants ou partiellement de leur système de gestion intérieur.

Quand l'on est pasteur, on peut avoir une famille avec des enfants et rien n'est contradictoire en la matière. Pour ma part, ce serait même une richesse expérimentale pour la connaissance sociale et de la vie. Ce qui n'est pas le cas avec les prêtres qui doivent entièrement se consacrer à leur ministère et tirer un trait sur toute vie familiale et son enrichissement personnel. Je crois que là, il y a une grande divergence car l'église catholique, en n'ayant qu'une seule voie vers le célibat des prêtres se prive d'une grande richesse compréhensive des natures humaines et sociales. Je me demande comment nous en sommes arrivés là, car au départ , des apôtres de Jésus étaient en partie mariés et père d'enfants ; Jésus n'en demandait pas tant et l'exigence et l'exagération zélées ont fait le reste en instituant le voeux de chasteté pour ces hommes.

Sur certains points, je ne comprends pas une telle organisation qui au fil du temps s'érode et finira par être inopérante, inéfficace. Je comprends mieux les gens qui ont décidé de mener une vie d'acète au sein d'un monastère ou d'un couvent. Ce sont des lieux où l'on peut entièrement se consacrer à Dieu et se rapprocher de lui par la prière et la méditation. C'est une vie de solitude intérieure entrainant de très riches enseignements par le travail important de l'esprit qui s'y fait. Je pense que l'on peut servir Dieu de beaucoup de manières tout en sachant qu'il est notre créateur, notre Père à tous dans la spiritualité élargie et dans son immense amour. Effectuer un simple métier, une simple tâche et c'est aussi se mettre à servir. Ce fut mon cas et aujourd'hui, je me mets à ce service en exprimant, en toute conscience mon ressenti et mon vécu d'homme. J'ai essayé et j'essaie de témoigner de cette réalité qui s'offre à nous dans le prolongement de nos vies et nos âmes.

00. ETRE UN ELU ?

Un jour, un homme que je côtoyais dans mon travail me fit une déclaration qui ressemblait pour moi à une révélation. Pourtant, cette personne avait une philosophie se vie marquée par un comportement d'athée et d'agnostique. Elle mettait en avant ses croyances pour un Marxisme développé, en l'occurrence les valeurs du Communisme. Je ne m'attendais pas à ces paroles et il me déclara : « Ta philosophie et ton analyse sur les choses et les sociétés me font dire que tu es un élu ! ».

Je connaissais bien la puissance d'un tel mot, mais je n'ai jamais envisagé de m'attribuer un tel honneur et une telle considération face à l'homme croyant. Oui, j'ai rencontré Dieu et nous avons dialogué. Oui, il m'a fait la faveur de garder le souvenir de mon incarnation.. Oui, je lui suis infiniment reconnaissant et je me mets à son service.

Mais, dans tout cela, comment pouvait-on me déclarer élu ? La vie a ses mystères et le monde spirituel aussi. Dieu, en permettant à cet homme de voir dans mon jugement d'approche une telle qualification touchait quelqu'un, de toute apparence, qui n'avait pas foi en lui. Seule, cette personne me fit une telle déclaration. Etait-ce parce que l'on avait affaire à un homme formé sur la psychologie par les études, ou bien par un don de clairvoyance et d'observation sur son prochain ? Certes, je ne m'attendais pas à ce que ce fut de cette manière que la chose apparaisse au grand jour. Et puis, ne faisait-il pas erreur ? Même moi qui aurais dû être flatté, cela me marqua dans l'interrogation ?

Mais, voyons ce que disent les textes de l' « Elu de Dieu » ? Personne que Dieu appelle à la béatitude éternelle. Personnellement, je pensais plutôt à un prophète en plus simple dans le comportement. Certes, c'est un choix que fait Dieu de choisir et reconnaître un serviteur. J'avais un message à faire passer et je l'ai transmis à mes semblables par « Nous sommes les racines du Ciel ». J'ai pu faire cette révélation car le don de l'écriture a pu s'exprimer en moi. Ma pré instruction fut véritable, pénétrante, active et efficace. Le dialogue que j'ai eu avec Dieu emprunt de la vérité révélée. Mais, pour cela, dois-je me considérer un élu de Dieu ? Oui ou non, car quelque part il est notre Père Commun et nous sommes tous ses enfants, donc ses élus. Le terme me réjouit le coeur, mais ne résout pas mes souhaits de communications plus efficaces, affirmés, et pénétrants d'une société en manque de spiritualité et souvent dans la négation de l'existence de Dieu. Mon message est de rappeler cette présence et je viens grossir le flux sans cesse croissant des éléments vivants qui veulent témoigner de la grandeur et l'Amour de notre créateur. Se reconnaître en un élu est une réelle prétention et un manque flagrant d'humilité. En même temps, la démarche de me l'indiquer était généreuse et elle démontrait un sens aigu de l'observation profonde des hommes. Bref, nous en resterons là car ici réside encore un mystère que contient la foi.

11. LA CONSCIENCE !

Il existe plusieurs degrés à la conscience et sûrement autant de formes que de vies animées. Mais, nous ne pouvons en posséder qu'une à la fois, celle reliée à notre propre espèce.

Au juste, qu'est-ce que la conscience ? C'est une sorte d'image analytique que notre nous même fait des choses et qui en partant de notre cerveau, atteint des sphères plus fines et développées de notre esprit et de notre âme. Elle est reliée –cette image- au beau, au bien, au mal, aux conséquences sur les êtres de nos actes, aux sociétés, aux groupes, sur tout ce qui nous entoure et dont nous appréhendons l'image ou le mouvement dynamique. Elle construit un avenir de l'esprit et donne une consistance à l'âme. Ce que nous en savons, c'est qu'elle est la première porte accédant à notre niveau spirituel. Je veux parler de l'individuelle, mais il existe aussi une collective qui peut prendre l'ascendance sur elle. Parfois, nous avons tendance à nous réfugier confortablement derrière celle de groupe. Méfions-nous, car cette dernière apparaît forte, sans état d'âme, mais dans sa grande dynamique, elle peut entraîner l'individuelle dans les sphères de la négativité. Pour adhérer à un collectif, il faut que l'individuelle soit forte et assurée.

Cet état du cerveau pensant permet de connaître nos conditions de vie, de juger de nos actions comportementales, de la matière existante qui nous environne et elle nous permet de faire la synthèse sur un jugement moral et spirituel des choses. Elle est parfois très subjective et elle a le fonctionnement que nos éducations de nos adolescences ont bien voulu lui donner. Ainsi, la conscience des uns n'est pas celle des autres et vice-versa. Un être doué de conscience est un être réfléchi dont les actes et les analyses sont pesés et décortiqués. Il existe plusieurs degrés à son existence et si elle paraît sans cesse en activité pour certains individus elle n'entre qu'épisodiquement dans son fonctionnement. Les raisons en sont et se relient à la force de l'âme incarnée.

Est-elle une prison ou une condamnation dans l'analyse de toute chose et est-elle le dernier maillon du cerveau abouti ? Il se peut que oui, mais son activation permanente nous plonge parfois dans une analyse des réalités pesantes et pénibles. Elle a tendance à imaginer une réalité aboutie, finie près d'un monde tendant à son concret dans son existence. Elle rejoint les sphères de la vérité incarnée et cette lumière qui brille au firmament des absolus régnants est par moment synonyme de douleurs. Douleurs de l'âme, pénibilités des vues de l'esprit et négation du confort matériel sous bien des formes et réalités. Les consciences éveillées pour l'éternité sont situées dans le concret de l'univers, des mondes, de l'humanité et des civilisations.

Il est fort possible que cela en soit ainsi et nous disons : autant de consciences que d'individus ! C'est une des grandes vérités et il faut le comprendre ainsi. De ce fait, nous ouvrons beaucoup de voies au monde et il faut qu'il existe un lieu où le regroupement se fait et que se rejoignent toutes ces analyses et leurs visions concrètes.

Trop de conscience peut-il rendre fou ou s'approcher d'un tel état ? Je ne le crois pas, car elle domine le néant et le chaos qui s'organise naturellement autour de nous. Elle évite donc que nous nous y plongions pour sombrer dans un monde dont l'anarchie serait reine et organisée à notre manière. Faut-il devant les douleurs, les analyses pensées qu'elle provoque que nous soyons tenter de nous réfugier dans l'ignorance ? Je ne le crois pas et il s'agit que nous en supportions les conséquences. Notre esprit et notre âme en ont un réel besoin dans son fonctionnement car il s'établit chez certains individus comme un absolu. Il dégage un avenir au monde et le rend plus perceptible, identifiable, organisé. Il serait même, à maints égards, la sauvegarde de l'être dans sa dimension la plus pure et fine. J'aurais tendance à dire : « Etres doués de conscience, le monde repose sur vous et vous êtes son avenir ! »

L'âme a besoin de cet état pour se fortifier et il lui permet de communiquer avec la plus grande force spirituelle régnante dans un monde effacé, invisible, mais bien consistant dans la pureté des vérités établies.

Comme je le mentionnais au début du paragraphe, il se peut très bien que les autres vies animées soient également dotées de conscience. Pour moi la réponse est oui et si les conceptions en sont peut-être différentes et divergentes, elle existe néanmoins.

Y aurait-il une hiérarchie de ces consciences suivant les espèces ? Nous pouvons le croire et ce n'est que la mise en place d'un grand appareil analytique qui permet d'assurer une dynamique à l'existant. Sa largeur d'état varie selon les espèces et il est possible que des degrés y soient installés afin de permettre son action et décision sur le monde, l'univers. Enfin, mettre à notre disposition un état conscient et éveillé de l'universalité régnante. Rien ne permet que nous l'affirmions ainsi, mais bien des raisonnements tendent vers cet état supérieur de notre mental.

Pourquoi Dieu isole-t-il individuellement la conscience de l'homme ? A mon avis, c'est pour être plus juste dans son jugement concernant les valeurs de l'âme. L'âme se révèle dans l'individualité et chacun porte son fardeau en la matière. Les consciences collectives semblent être inatteignables par un jugement, sauf si les individuelles qui la composent en majorité souhaitent un changement dans leur comportement. L'individuelle n'a pas beaucoup de choix, sauf celui de se retirer de l'ensemble et elle ne peut rien seule contre toutes, ce qui est une forme d'agression organisée du groupe. L'expression profonde de l'homme serait-elle individualisée ? On peut le penser face aux données qui nous ont été transmises. A lui seul, l'homme est un monde entier ! Par contre, si nous regardons bien les consciences collectives et celles unies des grands sages , des grands hommes, des hommes entre eux dans un consensus moral, elles sont très fortes et peuvent plus facilement s'affirmer au sein des collectifs intellectuellement honnêtes. L'homme serait-il , à ce sujet, un solitaire ? Nous pouvons en douter car nous sommes une espèce sociale qui recherche avidement la communication avec l'autre. Il n'est donc pas, à première vue, un solitaire au sens propre du terme. Les grands mystiques sont-ils des solitaires philosophant avec un aperçu plus élevé des consciences que les autres hommes ? Je dirai oui, mais ils sont reconnus que s'ils affirment et projettent des idées intéressantes pour tous ensembles, meilleures et spiritualisées dans la qualité.

Je dirai aussi que nous avons nos états d'âme et ils sont parfois néfastes de les affirmer vers le groupe. C'est donc concrètement, en individualité que notre Père à tous nous reçoit dans son monde et comme un solitaire nous lui dévoilons notre boite noire et ce qu'elle contient. C'est un dialogue entre notre Créateur et nous et non pas un débat de groupe où une auto critique va se poser. Je pense que Dieu est soucieux de notre pudeur concernant notre esprit et notre âme et il nous reçoit avec tous les égards dus à ce respect.

J'ai vu maints déballages de gens qui exhibaient en groupe leur autocritique sur leurs défauts et qualités, mais tout ceci manque de sérieux et gare aux quolibets et moqueries, railleries qui font que l'on dévalue l'autre. C'est un exercice périlleux en bien des cas et il demande une grande force d'âme pour pouvoir surmonter le regard de l'autre peu compatissant. En tous cas, je ne crois pas que ce soit au groupe de juger des comportements des consciences et nous devons faire confiance à la justice des hommes, puis à celle de Dieu beaucoup plus développée dans l'objectivité et la compassion. Le pardon obtenu est d'une autre grandeur et totalement neutre avec une dimension compassionnelle portée par l'amour et la bonté. Il en est ainsi !

Un prêtre, un pasteur, un rabbin, un imam, une personnalité spirituelle reconnue peuvent jouer ce rôle en toute confiance car ils sont chargés de par leurs ministères d'écouter et comprendre l'autre. Ils ont cette dimension d'écoute et de pardons que seuls les grandes âmes, près de Dieu, ou ayant prêté serment dans l'allégeance sont capables d'avoir.

12. LE SILENCE

Le silence est l'élément dans lequel se forment les grandes choses, pour qu'enfin, elles puissent émerger, parfaites et mystérieuses, à la lumière de la vie qu'elles vont dominer. La parole est trop souvent, non comme le disait un penseur, l'art de cacher la pensée, mais l'art d'étouffer et de suspendre celle-ci. Il existe deux analyses populaires qui se définissent ainsi : « Le silence est d'or et la parole d'argent ! ».Mais aussi, « La parole est du temps, le silence l'éternité ! ». La vie véritable, la seule qui laisse quelques traces, n'est faite que de silence. Il y a deux sortes de silences : l'actif et le passif. Ce dernier représente celui qui dort dans le sommeil, la mort, l'inexistence. Nous supportons le silence isolé, notre propre silence, mais le silence de plusieurs, le silence multiplié et de la foule est un fardeau surnaturel.

Le silence et les nobles hommes silencieux ! Ils sont épars, ça et là, chacun dans sa province, pensant en silence, travaillant en silence, et les journaux du matin n'en parlent point. Il faut cultiver le silence entre soi, car ce n'est qu'en lui que s'épanouissent un instant les fleurs inattendues et éternelles, qui changent de forme et de couleur selon les âmes. Les âmes se pèsent dans le silence. N'est-ce pas le silence qui détermine et qui fixe les saveurs de l'amour ? Concrètement, si les paroles et nos actes actifs ne sont que vibrations, le silence se résume à un état où ces ondes sont absentes ou bien statiques. Elles ont une influence sur l'état ambiant et celui de nos âmes. Dès qu'elles s'apaisent, de grandes pensées apparaissent et fertilisent notre esprit. Il fallait ce répit pour pouvoir nous atteindre dans notre être profond. Tout cela peut paraître anodin et futile, mais l'éloquence du silence est révélatrice dans la méditation. Nous disons à nos enfants : « Taisezvous et laisser passer le silence qui va nous envahir de ses richesses ! ». Soudain, cet espace laissé libre est comblé par un autre monde le fertilisant et ceci dans un total mystère faisant abstraction de la matière. Le silence va vers la méditation qui elle atteint les rives de l'autre monde et ainsi l'esprit jubile et ravive ses forces.

13. LA SOLITUDE DE L'ETRE.

L'humain serait-il un grand solitaire livré à ses pensées méditatives, hors de toute relation avec autrui ? On peut le penser ,car il a été formé ainsi et c'est parfois par le silence,la paix,la sérénité de l'âme et de l'esprit que nous communions avec le monde spirituel. L'Homo Sapiens n'est pas fait, par son état naturel, enclin à vivre sa solitude. Il se doit d'être social, compréhensif auprès et envers autrui en exprimant des sentiments nobles. Il se doit d'aider son prochain en le conseillant, en communicant ses sentiments et ses valeurs positives. A partir de là, tout s'éclaire sur nos comportements, lesquels doivent laisser à l'autre, aux autres, leur libre détermination. Nous pouvons communiquer nos expériences, mais nous devons rien imposer. Nous devons l'écouter ou les entendre sans jamais leur dicter leurs devoirs et leurs attitudes. Nous devons parfois nous effacer pour laisser libre l'espace de leur propre expression. Notre silence est parfois d'or, car il est bien dit que la parole a une valeur argent. L'idéal réside dans un message transmis d'amour et de bonté entrainant une compassion, une compréhension qui ne jugent pas les comportements et leur vision du monde. C'est à la société, au groupe organisé de porter un jugement, car il peut se le permettre. Mais ce groupe constitué, ou cette assemblée peuvent-ils juger si eux-mêmes ne sont pas initiés à l'élévation spirituelle. Ce n'est pas toujours le cas et l'individu, au sein de celle-ci se doit de faire connaître sa position, s'il y ressent un sentiment de dévoyage ou d'égarement face aux valeurs spirituelles et nobles portées par l'être. Se laisser porter par le groupe sans réagir, c'est être l'élément d'un troupeau et nous ne pouvons y trouver une absolution des comportements. Parfois, nous ne réagissons pas et nos sociétés nous entraînent sur des voies aux quelles nous réfutons la justesse et le chemin moral. L'homme n'est pas fait pour se cacher derrière un collectif, mais être individualisé dans l'esprit.

A partir de ce constat, nous pouvons dire que la solitude de l'esprit humain est réelle, même s'il entre en communion avec d'autres âmes de valeur approchée. Individuelle, main non associale, l'âme humaine se doit de s'éprouver lors de tous ses contacts terrestres. Chaque chemin suivi est différent suivant les êtres et chaque parcours est unique et orienté. Certaines âmes ont plus de difficultés que d'autres à parcourir le grand chemin de la vie. La charge qu'elles portent semble parfois plus légère suivant les individus. Cette affirmation réside dans le fait que nous ne sommes pas, loin de là, d'un même niveau spirituel. Certaines âmes viennent sur Terre pour se rédempter et affirmer leur devenir. D'autres, au bout de leur cheminement s'y épanouissent sur un parcours facilité, loin des difficultés ambiantes. Un certain nombre est instruit pour flirter avec ce que nous appelons le mal et s'y vautrer loin des élévations morales. Tout dans la nature de l'âme est complexe et nous ne pouvons, à notre niveau de simple mortel, y porter un jugement. D'ailleurs, elle est définie telle une boite noire d'un avion, pour ne laisser apparaître aucun signe de valeur ou de négation. Seul Dieu saura, le moment venu, en faire l'analyse. Cette analyse sera faîte dans un jugement serein, loin des contraintes matérielles et existentielles. A moins que cette âme soit instruite pour procéder à ses propres auto-analyses et critiques. Ce serait encore une marque d'autonomie à laquelle je crois peu.

C'est donc la vie, ses bonheurs, ses malheurs, ses contraintes et la grande destinée qui s'affichent et s'affirment à chacun de ses pas.

14. LA PHILOSOPHIE ET L'ENSEIGNEMENT DE JESUS.

Et si Jésus revenait ! Rien ne nous dit qu'il n'est pas revenu dans une nouvelle incarnation. Rien ne dit qu'il ait pu, comme en Galilée, délivrer son message. Rien ne dit qu'il a prit forme humaine. Rien ne dit qu'il désirait nous faire savoir qui il était. Eh oui, la chose est fort possible, mais comme le monde de l'incarnation est mystérieux, secret et caché à notre face, nous ne pouvons en appréhender les voies et leurs méandres.

Il apparaît peu probable que Jésus soit revenu sur la Terre, car il aurait, à bien des égards, eu un esprit dérangeant sur la marche du temps , les choses et avancées humaines. Mais, par contre, je crois qu'il reviendra en des temps futurs et juste avant la fin annoncée des temps ,lorsque les trompettes de Jéricho retentiront.il viendra en éclaireur ,nous instruire de la vérité,celle qui habite dans la maison de Dieu, le Père. Et puis, s'il revenait, comment notre civilisation accueillerait son discours, sa philosophie. En faisant des miracles, des guérisons, des actions sur les éléments terrestres naturels,les mers, les astres de notre galaxie ,nous pourrions être frappés par ses capacités surnaturelles. Mais, s'il se comporte comme tout un chacun, avec un sens de l'humanisme, l'humilité, la sincérité et la simplicité dans l'action, il passera inaperçu pour ses semblables. S'il reprend ses enseignements et remet sa philosophie sur l'ouvrage, nous pourrons être sûrs de le reconnaître. Ce qui était il y a deux milles ans passés, n'est plus et les temps et la société ont changé. Ne nous le condamnerions-nous pas une nouvelle fois ? Possible, car il rassemblerait et il dérangerait l'ordre établi. Il serait probablement traité sans ménagement et il se verrait, du moins je le pense, encore une fois condamné par une société matérialiste. Certains vous diront qu'il s'agit d'une secte en parlant de l'église ! La reconnaîtrait-il cette église servant son enseignement ? Je n'en suis pas si sûr et les deux pourraient se croiser sans se reconnaître. Je veux parler pour l'église dans son organisation, car Jésus émettrait rapidement un jugement sur ce que l'on a fait de sa parole et la portée qui lui est donnée désormais.

Tous ces enseignements qui devraient mettre en exergue les valeurs intrinsèques des hommes et non les mettre au rang des futilités accessoires. Vous allez me dire, mais pour cela, il y a différents cultes et religions. Certes, j'en conviens, mais j'analyse également leur position beaucoup trop courte et insatisfaisante en la matière. Je m'explique.

Ces religions, pour la plupart, n'ont pas évoluées par rapport au message de leur prophète, à une période donnée de l'histoire. La dynamique des sociétés et des civilisations est une grande réalité et les âmes concourent dans leur expression , à rendre plus subtil ce mouvement. Les religions, pour la plupart, sont restées statiques et elles se réfèrent à la pensée unique et philosophique du prophète à une période précise. Prenons l'exemple de Jésus s'il revenait parmi nous dans les mêmes conditions que sa première incarnation. Faisons en la description chronologique.

Une jeune fille, quelque part dans le monde, dit qu'elle est enceinte et porte un enfant conçu par un pouvoir miraculeux, en dehors de tout acte charnel. Immédiatement interrogations sur la véracité et possibilités de ces faits qui semblent déroger à notre logique mentale ! Ensuite, l'enfant naît. Il s'exprime très tôt et présente une conscience élevée des mondes, des existences, des réalités métaphysiques. Il parle, il parle ! Il explique, explique toujours ! Nous sommes étonnés de sa précocité en toute chose, mais nous ne faisons pas attention à ce qu'il dit : ce n'est qu'un enfant !

Plus il grandit et plus il affirme une connaissance remarquable, gigantesque, tel un livre ouvert. Il a reçu une pré instruction. Nous ne nous en étonnons pas et cela ne nous émeut pas car il est certainement un surdoué !

Très tôt, il tient des discours de plus en plus structurés et orientés vers l'existence de son Père, dans une autre dimension. Là, nous commençons encore plus à nous interroger sur son compte et ne serait-il pas sain d'esprit et de mental ? Plus, dans la période d'adolescent, il fait des miracles. Il parle aux oiseaux et aux animaux dits sauvages. Il sait jouer sur la nature, accélérer sa dynamique ou la ralentir. L'arbre lui parle et il sait faire vibrer toutes les utilités du végétal.

De plus, il est dérangeant pour le confort de l'âme quand il parle des autres dimensions humaines. Les chercheurs, psychologues, psychanalistes, psychiatres, analystes en comportements humains l'observent et essaient de la cataloguer. Il a d'étranges pouvoirs car il commande aux éléments. Il peut définir le beau temps avec un ciel radieux et nous faire connaître les déchaînements du ciel avec des trombes d'eau, ou bien définir un doux crachin. Il sait apaiser les éléments naturels et calmer les tempêtes en mer. Il semble faire partie de forces interprétées par l'universel. Nous ne le comprenons pas et ainsi dans notre inconscient nous rejetons ce comportement trop différent du nôtre actuellement. En grandissant, il se met à philosopher puissamment, parlant du bonheur de l'humanité et de la sauvegarde des âmes. Il interpelle les puissants et il crée des attroupements, ce que réprouve les autorités régnantes.

Plusieurs fois, il a été arrêté et incarcéré car il créait des troubles à l'ordre public. Il est un agitateur public qu'il faut mater !

Rien à faire, les humains ne veulent pas entendre son message. Il s'égosille sans résultat et les foules sont partagées quant à son identité. Il dit qu'il est le fils de Dieu, de notre Père commun et qu'il est venu ici-bas, pour une nouvelle fois attirer notre attention sur l'autre monde et sa préhiminence sur le nôtre, car il accueille et juge les âmes. Il dit qu'il n'est pas venu pour juger, mais orienter les philosophies du monde pour que nous ne soyons plus entraînés sur les routes sans issues et surtout que nous n'écoutions plus les voix tentatrices de la jouissance égoïste.

Il est capable de ralentir et d'accélérer le temps. Il nous révèle la présence de nombreux mondes habités et créés par Dieu le Père. Il nous dit que la vie et l'esprit s'expriment sous bien des formes au sein de l'univers, mais toujours tendu vers une élévation spirituelle des âmes. Il nous déclare que les formes animées et les corps ne servent qu'à nous mouvoir pour éprouver notre âme. Il nous explique que dans l'autre dimension, il existe notre demeure et notre corps subtil et que nous l'habiterons pour l'éternité. Nous l'écoutons de plus en plus attentivement car sa philosophie et ses pouvoirs ne sont pas quelconques. Il nous dit, je suis le grand prophète et le rédempteur. Je visite les âmes et les aide à ne point sombrer dans les dédales du chaos et du néant. Je suis déjà venu sur votre Terre et vous m'avez fait mourir en me crucifiant : vous le comprenez, je suis Jésus Christ ! Je suis venu vivre parmi vous, pour éprouver ce que les âmes me disent de l'avancée humaine et savoir pourquoi l'amour est trop souvent remplacé par la haine et l'indifférence. Je suis celui qui est et représente la conscience éveillée des mondes. A tout moment, vous pouvez m'interpeller et je vous répondrai ou je vous accueillerai, car moi et le monde ne faisons qu'un. Je vais visiter et rencontrer d'autres mondes plus développés que le vôtre et j'y ai plaisir à rencontrer les vies animées et les âmes. Je voyage de mondes en mondes, mais la Terre est pour moi un trésor qu'il faut choyer, malgré une humanité difficile et indépendante dans les forces de l'esprit. Je suis venu vous dire combien je vous aimais et vibrer avec vous dans le positif de l'âme.

Je sais que vos technologies vous attirent vers un matérialisme ambiant et faites attention, il pourrait vous entraîner vers des lendemains de grisailles. Ces technologies sont des trésors qui se trouvaient dans mon coffre à jouets que j'ai ouvert pour vous. Ils étaient faits pour que vous en bénéficiez et les utilisiez à bon escient. Toute évolution est ressentie par mon moi profond et je vous le disais, je suis et sais toute chose. Je pourrais vous annoncer votre futur, mais ce ne serait pas raisonnable, d'ailleurs avec le Père, nous vous laissons votre libre détermination. Je constate que vous avez très structuré votre société, mais pour certaines de ces sociétés vous avez copié les systèmes que j'ai connus il y a deux milles ans, c'est-à-dire l'ordre romain. La société civile encadrée par l'ordre militaire ou policier, en prédominance sur l'ensemble, ce qui me paraît peu évolutif de votre civilisation.

Il serait temps, Hommes bien aimés que vous progressiez sur ce dur chemin car il est le vôtre et avec notre Père nous attendons que vous éleviez le sens donné à votre tous ensemble construit sur la durée des temps. Je sais que c'est un chemin difficile et semé d'embûches, mais il s'avère nécessaire à l'évolution des esprits et des âmes.

A chaque incarnation, nous vous faisons parvenir de notre monde, la plus grande richesse qui existe : l'âme ! Elle est chargée de bienfaits issus du monde qui vous est invisible et elle est le lien avec le vôtre. A ce titre, vous devez permettre son accueil dans les meilleures conditions, qu'elles soient matérielles, mais surtout spirituelles. Les âmes qui s'incarnent, ici-bas, sont du niveau spirituel atteint par la civilisation en marche, mais nous vous demandons, avec Dieu, d'accueillir un certain nombre d'âmes ayant besoin de se réaffirmer dans leur existence et renouveler leur potentiel émoussé par les vies précédentes. Vous devez les accueillir avec bienveillance car elles viennent chercher ici, leur salut.

Nous vous demandons, chers bien aimés, de vous élever au dessus du simple matérialisme ambiant. Vous avez actuellement tendance à ne voir en toute chose que le vénale, alors que tout n'est pas du domaine marchand.

Ainsi, vous transformez lentement, mais sûrement, votre société en un grand marché ou seul le riche peut survivre. Nous vous demandons de corriger ces effets et surtout ne pas offenser le pauvre, celui qui est dans la nudité matériel devant la vie.

Vous avez votre détermination en la matière et je suis venu vous apporter les conseils pour vous aider à progresser si vous le souhaitez, peuples bien aimés !

Vous n'êtes en aucun cas prisonniers de notre monde et nous ne sommes pas des tyrans ou des dictateurs remplis des sentiments arbitraires du pouvoir sur les vies. Notre consistance est faite de sentiments les plus nobles qui élèvent les âmes et les esprits, en l'occurrence : l'Amour, la Bonté, le Magnanisme, la Compassion, le Pardon, la Miséricorde, la Justice et la Liberté. Voici énumérés dans l'ordre de leur émergence notre monde bâti pour l'esprit et l'âme des mortels, mais aussi pour un grand bonheur qui dans son sommet atteint les Béatitudes. C'est l'échelon le plus élevé dans l'accession aux niveaux spirituels et c'est par l'expression de ce dynamisme de l'esprit que nous atteignons les cimes du monde céleste. Vous êtes invités à cette accession pour votre salut, mais vous pouvez préférer l'expression du présent, l'exploitation des richesses qui vous ont été remises en partage, et de vivre dans l'inconscience du monde de l'esprit. Nous vous laissons le choix et certaines âmes sont sans cesse repêchées de ces philosophies qui construisent un univers fini en stagnation. Nous aurions aimé, Le Père et Moi que vous vous interrogiez un peu plus sur vos origines et sur les messages que vous ont transmis les prophètes. Je sais, il faut les adapter à votre temps dit moderne, mais leur consistance est toujours d'actualité.

Nous sommes attristés de constater qu'une majorité d'entre-vous préfère le bien être immédiat et jouissif des choses matérielles et ne veut pas assurer sa survie spirituelle et donc de leur âme. A partir de là, il n'y a pas de salut et à la mort, la conscience et l'âme se dissolvent dans un néant aseptisé et ouaté où rien n'émerge. Elles s'endorment donc pour l'éternité et elles n'ont pas de choix existentiel renouvelé. Chers biens aimés, nous en sommes fortement peinés et nous voudrions bien leur offrir un salut, mais leur volonté s'est imposée à notre orientation sur un devenir. L'idée de l'enfer que vous avez est très subjective, car l'âme et sa quintessence résident dans l'éveil du conscient ou sa dislocation au sein du néant. Il n'y a pas une telle souffrance comme certains religieux voulaient vous le faire croire. D'ailleurs ,aujourd'hui,je suis venu en toute sincérité, Amour,bonté et je n'ai aucunement l'idée de vous imposer des faux sentiments sans valeurs que sont la haine,la peur,le chantage,la contrainte. Nous ne prenons aucunement les âmes en otage et vous êtes libres dans vos parcours.

Nous ne sommes pas des Rois régnant sur un royaume, mais les détenteurs de forces universelles, cosmiques issues d'une autre dimension du temps et de la matière. Souvent, dans vos sociétés, vous parlez de Royaumes, de Rois, de Seigneurs, mais nous n'avons pas ce sens la, là-bas dans notre monde. Quelque soit votre niveau, nous nous aimons et notre dimension, et je me répète se construit des sentiments nobles. On y adhère ou pas. Nous sommes un monde de liberté et de justice dans la plus grande plénitude. Vous ne connaissez pas, ici-bas, pareille accession.

Des passerelles existent bien entre nos deux univers et elles vous permettent d'avoir un aperçu de notre réalité. Je constate que dans les temps présents, vous êtes plus sereins, réfléchis et disposés à entendre mon message. Peuples bien aimés, je vais donc vous accompagner sur un petit bout de route et je vous suis reconnaissant de m'avoir accueilli avec bienveillance.

L'Eglise se conduit en dehors de la vérité de mes propos d'il y a deux mille ans. Elle pensait qu'elle devait contraindre, apeurer ses fidèles, leur faire un chantage avec l'enfer et son décors effrayant, enfin rendre prisonnier le peuple des âmes Je n'ai pas approuvé pareil comportement et elle s'est installée dans un sectarisme ambiant doublé d'une organisation évinçant les hommes serviteurs, de forte sensibilité du vécu. Ils ont transformé mes paroles de liberté, d'amour, de bonté, de compassion, de miséricorde, de pardon, en un monde plein de pièges, dont l'accession devient du domaine de l'impossible. J'avais demandé à Pierre, l'apôtre bien aimé de construire mon univers d'accueil. Il l'a fait en toute fidélité, mais vous l'avez transformé en système administratif très hiérarchisé où de nombreux prélats ont toutes leurs aises, leur confort aseptisé et un satisfecit de leur esprit comme détenant toutes vérités.

J'admire et je récompense là haut les mérites des dévoués serviteurs de la base faisant souvent abnégation du monde de la chair, de la richesse arborant un esprit élevé, sincère et rempli de force spirituelle. L'église en demande beaucoup à ces hommes et notamment de renoncer à leur vie dite privée en les entrainant dans un célibat pénible et loin de l'amour régnant sur Terre. La foi qui les habite est remarquable de pureté parfois et de dévouement envers les âmes. Se dévouer pour son sacerdoce et les affaires du Père n'a pas plus grande résonance spirituelle. L'organisation humaine est ainsi faîte et elle sophistique toujours, pour résider dans l'inatteignable fixé dans un absolu très éphémère. Ainsi, nous nous éloignons de l'esprit de base, du pauvre, de celui qui souffre, qui a besoin de ses frères. Je ne voulais pas d'une organisation qui flirte avec les nantis, les bien aisés, les bien pensants et les dominants de ce monde. Je souhaitais et je souhaite toujours le rapprochement avec la simplicité et l'installation de l'être, dans une vie fertile en sentiments nobles.

Pourquoi, Peuples bien aimés, construisez-vous des univers dans le complexe et l'inidentifiable pour le commun des mortels. L'intelligence humaine est ainsi et plus elle sophistique et plus elle existe et s'épanouit. Il faut bien noter que l'intelligence, les connaissances humaines, ne sont pas l'âme. Elle fertilise la conscience, mais ne reflètent pas dans la grandeur un monde de l'esprit libre et juste. Pour être imagé, je dirai, qu'aujourd'hui, vous formez des élites pour vous diriger dans votre société. Ils sont des êtres intelligents, remplis de connaissance, mais parfois très ignorants du monde spirituel et des obligations humaines pour cet accessit. La connaissance n'est pas tout. Elle réduit l'ignorance source de bien des misères, mais elle est située dans un péremptoire des mondes de justice et de liberté. La connaissance de l'homme n'est pas celle universelle qui s'acquiert uniquement par l'esprit et son élèvement sur des niveaux supérieurs.

Nous constatons que des hommes très intelligents et dont le niveau de connaissance humaine est élevé, sombrent dans l'insatisfaction du monde de l'esprit et présentent un coeur fermé à toutes les sensibilités humaines. Ils n'ont aucune compassion et aucun sens du pardon. Ils agissent en activant cette connaissance comme une arme envers l'autre, ce qui est néfaste. Dire à l'autre que nous l'aimons et posons un regard de bonté et de respect, d'estime sur lui, est une force dont le savoir est ignorant. Certes la connaissance ouvre beaucoup de portes, car l'ignorance est négative sous bien des formes, mais vous humains devez savoir que la connaissance a beaucoup de degrés. Elle est contenue dans sa totalité, sa plénitude, dans une demeure près de celle du Père. Non pas pour la protéger, mais pour lui signifier son rang et son importance dans l'expression universelle. Elle arrive au second rang, car elle signifie ce qui est établi, le nomme, le relate, l'enregistre, mais elle ignore ce qui se créée et émerge des brume du futur. Elle n'est donc pas tout, comme certains d'entre-vous le laissent supposer. Vos dirigeants s'en imprègnent grandement et ils adorent le pouvoir en lui-même. Ils sont nés et formatés pour cela, car ils aiment diriger leurs semblables. Certains aiment la justice sociale et celle en générale, mais d'autres sont proches du comportement des dictateurs et des despotes dans le sectaire et le péremptoire. Ce sont parfois de braves hommes dévoués au service des autres en regardant en face,dans une grande conscience,la misère , la pauvreté et la détresse des peuples. Mais peu de ces hommes ont ce comportement et ils ont tendance à sophistiquer leur pouvoir pour asservir les peuples et réduire tout esprit de justice et de démocratie à leurs simples expressions.

Notre Père commun n'aime pas ceux qui dirigent dans le péremptoire et en général, il n'apprécie pas la dominance sur leurs frères humains. Vous voila avertis, mais dans ce domaine, comme dans beaucoup d'autres, vous êtes libres. Libres de vous organiser et de croire à notre dimension des esprits, mais aussi libres d'être indépendants dans votre devenir et votre avenir dans son dessein.

J'ai compris que vous souhaitiez accéder et visiter l'Univers matériel qui nous entoure. Il est du domaine de la Création et Dieu a séparé les mondes. C'est pour cela que les planètes, les étoiles, les galaxies sont séparées par des temps importants : pour que les vies animées y résidant ne puissent pas se rencontrer avant une phase de leur évolution assez importante. Nous parlons d'un temps années lumières et non pas celui de votre Terre. Si vous continuez cette aventure, si tel est votre désir, il faudra que vous soyez encore plus conscients du précieux de la vie. Les mondes habités des galaxies sont plus avancés que le vôtre en élévation spirituelle et matérielle. Les corps animant les vies sont parfois très différents des vôtres dans la conception et ils sont construits avec les éléments contenus sur leur planète d'origine. Eux aussi ont galéré pour leur évolution, mais désormais ils accèdent à un univers sans limites et à des échanges entre peuples sidéraux inconnus de vous. Ils ont des possibilités immenses et leurs pensées sont capables de parcourir l'univers matériel constitué. Ils se sont regroupés en confédérations inter sidérales et des comités des sages sont formés pour établir l'éthique et l'ordre des actions galactiques. Tout n'est pas permis et les règles y sont strictes, car des disciplines sont nécessaires, mais elles n'obéissent pas aux mêmes essences que celles que vous connaissez sur Terre car l'Univers est identifiable autrement que par la connaissance, mais par le voyage de l'esprit libre. Vous n'avez pas encore expérimenté ce sujet, car votre cerveau est encore trop jeune pour que toutes les possibilités vous soient révèles. Ainsi, vous comprendrez ce que vous appelez le voyage astral, lequel vous emmènerait, sans votre corps, dans un couloir de lumière visiter d'autres mondes. Il est la porte des étoiles, comme vous le concevez parfois dans votre fiction. C'est bien de cela qu'il s'agit, d'un voyage intersidéral au sein des mondes galactiques. Tout ceci vous sera révèle en temps et en heure, afin que vous puissiez vous libérer de la pesanteur terrestre.

Tout d'abord, vous allez vous permettre de voyager avec vos fusées, vos vaisseaux de plus en plus sophistiqués et vous atteindrez les limites de votre galaxie. Arrivé à ce point, la confédération des peuples universels vous contactera et vous pourrez accéder à son existence en devenant un de ses membres. Vous devrez vous imprégner que les mondes que vous allez rencontrer sont très différents de vous et ils ont évolué dans l'univers sidéral grâce à leur niveaux mental, spirituel et civilisateur. Le maître mot qui règne dans cet univers est le respect des mondes et non pas la colonisation, la dominance et enfin la guerre pour la possession. Je ne vous sens pas assez mûrs pour appréhender une telle réalité et je ne m'en ouvrirai donc pas plus sur votre avenir en la matière. Sachez que l'univers des mondes bâtis et créés est l'oeuvre de Dieu, dans sa création incessante, sans fin, aux richesses dont vous ne pouvez soupçonner l'existence et imaginer la beauté et le merveilleux. Notre Père n'a de cesse de créer et le mot parfait ne veut rien dire pour lui car ce qu'il assemble, il le fait dans des gestes d'amour, de bonté pour que s'expriment les âmes et les esprits. Tout ce qu'il touche tend vers la perfection à l'image humaine, mais pour notre Créateur rien n'est jamais fini.

Un jour, certains d'entre-vous auront accès à son ouvrage et le Père ouvrira ses portes, si l'on peut dire, aux plus méritants et compréhensifs. Il dévoilera ses oeuvres et nous pourrons la comparer à l'artiste qui crée. D'ailleurs, il est le plus grand de tous les artistes de l'univers existant et la mise en place des formes animées au sein des différents mondes ,fait partie de sont thème favori. Sa pâte de travail est celle du cosmique et de là il en retire l'essence et la substance pour pétrir les corps. Il sait, pour vous, relever la chair de la Terre. Il crée à partir de ces éléments dans la biodiversité organisée. L'amour grandiose et universel qui l'anime, le pousse à définir des vies animées magnifiques, fonctionnelles et adaptées à leurs milieux ambiants.

Pour le rencontrer, il faut que vous priiez, que vous méditiez et soyez contemplateurs, car il vous attribuera beaucoup de dons dans le domaine de la spiritualité. Il vous aime et je suis venu, ici-bas, de nouveau vous le confirmer. Je vais peut-être accepter la chaire de Théologie que vous m'offrez au sein de votre plus grande université mondiale et je pourrai ainsi me consacrer à l'enseignement du monde du Père. J'espère que vous ne serez pas déçu car je compte bien me mettre également à la dimension du réel vécu des hommes ici-bas. Ceux qui désireront m'approcher pourront le faire et c'est dans la simplicité de l'homme que je recevrai.

J'envisage de visiter tous ceux qui souffrent sur cette Terre, afin de leur apporter un réconfort et effacer selon mes possibilités tous ces maux. Je compte rencontrer les autres cultes, car je connais leurs prophètes et je tiens à les saluer de ma grande complaisance. Je souhaite surtout attirer votre attention sur les miracles permanents des vies que notre Père nous offre généreusement et avec amour. Il faut que vous aimiez toute cette vie, sans différences et surtout que vous la respectiez dans ses propres fondements. A ce sujet, j'essaierai de vous en contracter les mouvements dynamiques dans les dimensions de l'infiniment petit qui vous sont constamment dissimulés. La Terre et ce que vous nommez la Nature font partie de la Création et la dynamique qui s'y applique est celle insufflée par notre Père. Vous devez aimer votre environnement, admirer la beauté, la contempler, remercier Dieu pour ses bienfaits et ensuite ouvrir vos recherches et vos sciences sur un sujet qui vous sera amplement dévoilé dans les siècles à venir.

Vous finirez par contrôler artificiellement les éléments en les rendant plus sereins et stables. Vous trouverez la connaissance fine des mécanismes et leurs points précis d'interprétation pour les rendre harmonieux avec vos vies. L'intelligence artificielle vous sera d'une grande aide et elle contribuera à cet équilibre. Si vous croyez mes paroles et mes dires, votre monde deviendra plus harmonieux. Vous pourrez accueillir très bientôt sept milliards d'âmes humaines et près de dix milliards dans quelques temps. Votre développement des technologies ambiantes vous permettra de nourrir tout le monde. La Terre n'a pas encore accueilli toutes les quantités de vie souhaitées par son Créateur. Elle a encore des possibilités, bien évidemment, en considérant la qualité de l'environnement et le bien être moral et matériel de l'homme et des autres créatures. Nous vous donnerons des possibilités nouvelles selon vos efforts à interpréter notre présence parmi vous et vos changements comportementaux nécessaires.

Je n'aime pas les menaces de destruction qui planent sans cesse sur ce monde, car si vous en êtes les habitants, vous en êtes également les locataires. L'humanité dans sa globalité, ne doit pas subir une telle menace en permanence sur les âmes avec une prise en otage par des gens de peu de conscience. Après leur parcours de vie, je les orienterai vers des mondes sans foi et peu de loi où le matérialisme ambiant est vénéré, ainsi que la jouissance et l'exploitation de monde de la nature et de la chair. Ils ou elles y trouveront un équilibre, car la confiance que j'avais mis en eux a été rompue par leur dominance sur leurs semblables et ils ont voulu faire de l'humanité un monde d'otages sans cesse menacé de destruction. Si vous saviez combien notre Créateur est offensé et courroucé en constatant ces faits, vous vous cacheriez dans les ténèbres pour toujours. Mais, avec l'aide du Père, nous allons essayer de vous aider à vous sortir de ce mauvais pas. Notre monde est fait d'amour, de bonté, de miséricorde, mais pas de menaces permanentes. Il faut bien que vous humains, soyez pervers pour en arriver à ce manque global de respect.

Sans l'intervention de notre monde, à plusieurs reprises, ou bien de ceux délégués pour être votre tuteur, vous ne seriez plus dans cette dimension des temps et des choses. Votre possession d'armes d'une absolue destruction vous rend vulnérables au sein des mondes et vous isole de l'accession au progrès spirituel nécessaire.

Je vous le dis une nouvelle fois, notre dimension, celle des cieux où séjournent le Père et ses serviteurs, ses élus, ses anges est faîtes de sentiments forts et fins à la fois. Ils sont la puissance supérieure de ceux régnant sur Terre, mais vous devez accepter l'évidence d'un monde bâti uniquement sur cette échelle de valeurs. Quand vous piétinez l'amour, quand vous vous moquez de la bonté, quand vous ne pardonnez pas, mais quand vous êtes haineux, agressifs, violents, dédaigneux, jaloux, envieux, vous construisez votre ossature de votre nouvelle demeure. Elle est construite avec de tels matériaux : ceux de l'âme et du coeur. A force de pardon, de pénitence, de miséricorde, de séjour au sein du purgatoire, nous pourrons vous révéler ,avec l'aide des prophètes,des vérités que vous n'êtes pas prêts à accepter. Sachez que vous n'êtes nullement prisonniers de je ne sais quelle entité et que notre Créateur vous laisse votre propre détermination. Bien sûr, sachez éviter de mettre son bien constamment en danger par vos comportements légers et inconscients. Aussi, il vous renouvellera son amour et assurera votre âme de son éternité au sein des mondes en perpétuelle évolution des esprits. Le chemin sera encore très long et nous devrons beaucoup marcher ensemble pour ce salut des âmes qui doivent éviter de descendre dans les ténèbres où elles ne peuvent plus s'échapper.

Aidons les à éviter cet écueil, mais sachons que leur parcours est personnel et individuel. Notre Père accueille les âmes individuellement, comme une entité unique et responsable. Il ne s'attache en aucun cas aux collectifs ou groupes d'âmes. Il veut, dans sa grande mansuétude, que chaque âme, chaque conscience, reçoive son dû. A ce titre, il l'individualise et lui crée un parcours qui lui est personnel. Si des affinités ou groupes d'âmes apparaissent, c'est qu'en fait, elles communient dans leur valeur portée. La communion des âmes est un niveau, un état des âmes très remarquable, car elles peuvent être aussi sociales et se rassembler pour être plus fortes dans le bonheur et son état supérieur. Mais, il est très difficile d'atteindre une telle perfection et en attendant il faut individualiser l'âme pour en analyser les défauts et ses valeurs dans la justice et la vérité affirmées.

Les références sont portées par la Justice divine siégeant en permanence et dont les attendus sont puissants, fermes et éclairés. La Vérité, elle est dans toute chose et c'est notre Père qui l'accueille dans son monde pour participer à une analyse fine et éthérée des esprits. Le Tribunal Divin siège avec ses membres issus de vos civilisations pour leurs comportements nobles, sages, exemplaires, spirituellement élevé. Leur jugement peut être mis en appel et c'est auprès du Père qu'il faut solliciter un pardon, une rémission, une miséricorde, une bienveillance adoucissante de la condamnation. Il est parfois l'avocat des pauvres gens dans la misère et dont le malheur atteint la quintessence même de l'âme. Il connaît toutes choses et il sait orienter vers le futur les âmes déboussolées et désorientées. Sachez pourtant que la justice divine est redoutable et implacable. Rien ne peut lui être dissimulé. Elle a dans son expression une nature touchant à l'absolu. Vous humains, n'envisagez pas pareille décision, mais la haut, dans notre monde où l'autre dimension, tout devient plus identifiable et subtil.

Durant mon séjour terrestre, je vous aurai livré quelques données pour que nous fassions un bout de route ensemble et même beaucoup plus si vous le désirez.

Peuple bien aimé, je repartirai vers l'autre monde par la volonté de Dieu et je suis, comme vous le savez, en permanence à l'écoute de votre, de vos esprits pour que nous sentions notre rapprochement dans l'amour vivifiant et grandissant. En attendant, je vais vous révéler une autre vérité issue des textes Bibliques et qui interroge les humains à plus d'un titre.

EZEIKIEL, grand prophète des temps passés, à la fin de sa vie fut pris en charge par notre monde de l'esprit et des âmes, sans passer par la mort physique. C'était un homme à l'esprit droit et pur dont la nécessité d'un séjour au purgatoire ne s'avérait pas nécessaire. Il avait été d'une fidélité exemplaire à notre Père et il avait beaucoup professé et prophétisé sur l'existence de Dieu.

Notre Créateur décida de venir le chercher sur Terre, sans passer par la disparition du corps physique. Un monde qui était très proche de nous, mais se situant dans la matérialisation fut contacté et il envoya un vaisseau d'argent ou un engin spatial pour venir chercher notre ami bien aimé. Ainsi, il embarqua dans ce vaisseau et rejoignit ce monde d'une proximité spirituelle remarquable. A sa fin biologique son âme et sa transformation du corps physique se firent très naturellement dans la paix, la sérénité situées près de Dieu.

Je voulais vous montrer les capacités de notre dimension, mais sachez qu'aujourd'hui, il ne vous est pas possible d'avoir recours à de tels moyens car vous n'en avez pas l'élévation spirituelle nécessaire.

Vous ne pourrez approcher notre Père commun que dans la mort, après ce grand passage. Son approche est très difficile et il faut vous attendre aux abords de son contact a âtre pris d'un malaise créant votre évanouissement où le sommeil total de votre âme peut entraîner une mort. Vous ne pouvez donc pas de votre propre volonté, vous approcher de notre Père car les forces qui sont en lui règnent sur toute chose, toute réalité, toute vie.

C'est pour cela que le seul peuple d'élus pourra s'approcher du vaisseau qui viendra le chercher, à la fin des temps. Ce sont des âmes que nous connaissons avec notre Père Elles sont déjà parmi-vous et elles exécutent leur parcours terrestre. Nous les connaissons et nous les aiderons à mieux appréhender leur devenir dans une spiritualité dynamisée des états inconnus des béatitudes

Il faut que je vous parle aussi des âmes qui souhaitent, après un temps de repos se réincarner dans un corps physique. Elles en émettent un souhait et après un dialogue de l'esprit dans sa plénitude des sentiments développés d'amour et de bonté, nous les incarnons au plus près de leur désir et du niveau des mondes auxquels elles correspondent. Elles ont un grand mérite et nous apprécions cette volonté de venir se ré affirmer au sein de la matière. Ainsi, nous permettons que certaines de ces âmes conservent des souvenirs de leur incarnation. Elles pourront ainsi expliquer dans ces mondes le fonctionnement de notre dimension ; ses applications, sa grande réalité, sa structure incarnatoire et enfin la quintessence de ce que nous sommes.

Je vais séjourner quelques temps parmi-vous dans une discrétion totale, afin que je puisse m'adresser aux âmes qui nous sont connues, au Père et à Moi.

Peuples bien aimés, je renouvelle ma confiance en vous et je vous attends dans l'autre monde. Gardez bien le contact par la pensée positive et la prière. Sachez que de notre demeure nous sommes à votre écoute et pouvons vous aider dans les épreuves.

Je vous adresse tout mon amour et ma fraternité en Dieu avec lequel nous ne faisons qu'un car nous sommes identiques dans notre nature et esprit régnant

15. LIEUX DE MANIFESTATION DE L'AU-DELA.

Il est également des lieux chargés des forces de l'esprit. Je veux parler des endroits de pèlerinage où réside par les sensations d'une présence de l'autre dimension, dans un raffinement caractérisé.

Lourdes est un de ces lieux où l'au-delà a voulu entrer et établir un contact avec notre monde. Tout ceci par l'intermédiaire de la Vierge Marie, mère de Jésus.

St.Anne d'Auray est également un lieu chargé de mysticité et des forces de l'autre monde. Il s'agit ici de l'existence de la Mère de Marie, Anne qui devint elle aussi une vierge apparaissant à un petit paysan breton.

Fatima , au Portugal a été également un lieu d'apparition de la Vierge Marie et beaucoup d'autres endroits tels Pontmain, Beaurain en Belgique,Coron et j'en oublie certainement beaucoup car dans le monde nous ne les recensons pas tous ,ou nous n'en avons pas la connaissance.

Récemment ce fut en Yougoslavie que ce miracle de cette manifestation eu lieu.

A chaque fois des messages furent adressés et délivrés par la Vierge elle-même. Messages d'espérance en général, mais parfois message destiné à l'humanité entière et aux hommes sur leurs comportements.

Bien sûr, c'est au Moyen Orient, et notamment en Palestine ou Israël que nous pouvons emprunter les pas de Jésus. Ces lieux sont ceux chargés de l'histoire des hommes en des temps parfois assez distants du nôtre. Depuis ces périodes, il y plus de deux mille ans, peu de prophéties ont eu lieu et l'autre dimension, celle de l'esprit ne reconnaît très peu le devenir technologique et matérialiste de nos sociétés.

C'est probablement à cause de cela que l'on nous ignore parfois et que l'on ne nous parle plus, ou moins souvent, depuis l'autre monde. La question que je poserai est la suivante : « Pouvons-nous progresser dans le domaine des sciences humaines, sans nous heurter à nos convictions spirituelles ? »

Je crois que oui car comme je l'ai décrit dans « Nous sommes les Racines du Ciel », nous n'avons pas exploré toutes les pistes. Le Voyage Astral en est une. Il se peut que ce soit notre porte des étoiles comme le définit un auteur de science fiction. Ceci nous permettrait de voyager dans l'univers afin de connaître et parfaire notre savoir sur d'autres dimensions. Pour ma part, j'ai exploré un autre monde, comme je vous l'ai expliqué seulement avec mon esprit qui s'est déconnecté de mon corps physique pour un temps très bref. Au-delà de cette durée, je ne serais pas revenu Il existe donc bien une autre façon de voyager par l'esprit et ce voyage dit astral est bien très mystérieux quant à son enclenchement, son déroulement, sa fin et ses conséquences induites de cette aventure biologique et universelle. J'aurais pu trouver ma fin biologique au bout du chemin.

Un chercheur, lui, m'a parlé d'un voyage inhérent au cerveau et assurant une sauvegarde de mes données personnelles, mentales, intellectuelles et spirituelles. C'est une chimie spéciale qui s'activerait et définirait en nous un état hallucinatoire. Nous hallucinerions donc que dans certaines circonstances mettant le bien aise de notre moi physique en cause. Réalité qui ne sied pas car le couloir de lumière, dans lequel j'ai voyagé était d'une beauté des couleurs sublime et peu de mots peuvent en qualifier le ressenti et ce vécu.

Il existerait bien, en un lieu donné, une quintessence des couleurs existantes dans leur excellence et le parfait du rayonnement. Comme pour le monde des sentiments, celui des couleurs nous rend interrogateurs et admiratifs. C'est un univers du beau que nous découvrons. Mais combien de personnes y ont eu accès et ont pu en apprécier les délices ? Je l'ignore ! Les plus osés d'entre nous ont décidé d'en témoigner pour que rien en ce qui nous concerne ne soit resté dans l'ombre. Je connais, parfois, la réserve et la pudeur des hommes, sur certaines matières et notamment les spirituelles. Ceux-ci ne dévoileraient et n'expliqueraient pas forcément leurs expériences. Le monde des sentiments, le monde des couleurs, le monde de la pureté, sont là à attendre notre reconnaissance pour la société entière. Nous devons, sans hésiter, faire connaître à nos semblables nos expériences pour qu'elles deviennent instructives.

Progressivement, notre compréhension va appréhender cette dimension qui s'ouvrira à nous avec ses trésors de bienfaits. Est-il dangereux de provoquer un voyage astral ? Je vous répondrai, sans hésiter, oui, car au-delà du phénomène, il existe un risque : celui de ne pas revenir du voyage. C'est pour cela que nous devons éviter de nous y engager. Seul, notre nature profonde peut le faire. A travers ce couloir, la paix, la pureté des sentiments nous atteignent et notre âme frémit dans ses fondements. En tant que pauvre pêcheur, la force que j'ai approchée a sollicité une purification. Pendant cette période expiatoire, j'ai souffert dans mon âme de remords poignants. Après quelques jours de cette souffrance, j'ai été purifié des actions néfastes que j'avais commises. Le processus s'est enclenché très rapidement et il est un élément d'un ensemble contenu dans ce voyage.

16. L'UNIVERS DES SENTIMENTS.

Il semble bien que tous les sentiments dont nous sommes porteurs sont regroupés par affinités au sein d'une très grande entité régnante. Il m'apparaît que ces formes approchées de sensibilités exprimées par le vivant soit amplement contenues tout autour de nous. Elles prennent des dimensions qui nous sont inconnues et elles pénètrent le monde de leur puissance. L'amour dans sa plus grande expression est immense et recouvre dans sa quintessence l'humanité et toutes les créatures. La bonté, elle aussi, réside dans une dimension hors de nos connaissances habituelles. De si grandes dimensions ex pressionnelles, que les mots n'ont que peu de valeur pour en décrire et qualifier la réalité. Mais, n'oublions pas qu'il s'agit de sentiments nobles et que d'autres aussi règnent ou peuvent siéger en maître. La haine est un de ceux qui porte la négativité et qu'il faut se méfier. Nous n'attachons pas assez d'importance à ces valeurs matérialisées que porte la vie. Il semblerait que ce même sentiment rejoigne sa quintessence en un lieu que nous ignorons et ainsi il forme un ensemble puissant et cohérent qui s'affirme face aux autres mondes des différents sentiments. Regardons, en exemple les négatifs telles la cruauté, la haine, la sauvagerie, l'agressivité. Quand ils ont fait le plein de leur énergie, celle que nous leur donnons inconsciemment dans nos vies, ils exultent et ils cherchent à dominer les sentiments les plus nobles qui font progresser l'homme.

Ainsi, la méchanceté, la cruauté, la haine, l'agressivité entraînent à terme la guerre et la destruction organisée. Nous n'avons pas accès, nous simples mortels, aux temples de ces divers sentiments, mais sachons que nous les alimentons par nos comportements. Quand ils menacent de submerger ceux dits nobles, telles : l'amour, la bonté, l'honnêteté, la compassion, la miséricorde, la courage, etc. ; il faut réagir et anéantir leur capacité à donimer et s'incarner dans le monde. Ainsi, pour désamorcer les sentiments de haine et d'agressivité, la guerre entre les humains est une façon de purger cet abcès. Car c'est bien d'une plaie qu'il s'agit quand on prend comme exemple tous ces sentiments négatifs. Par contre, les positifs sont plutôt fertilisants, instructeurs, formateurs, initiateurs. Ils rejoignent dans leur globalité l'âme humaine et ils agissent sur elle semblables à un attelage de chevaux blancs et noirs qui tirent un attelage chacun dans sa direction. La lutte existentielle pour l'affirmation des différents sentiments est grandiose et bien souvent incertaine. Les blancs entraînent l'attelage sur un chemin rectiligne et les noirs sur des voies escarpées. Quel combat gigantesque se déroule dans la tête des hommes ! Il ne prendra fin qu'après la durée des temps. Mais, faut-il aussi que nous nous torturions l'esprit et le mental pour imaginer nos vécus sous un tel angle. Et puis, laissons faire les choses d'elles-mêmes et acceptons d'être envahi par l'insouciance. Cette insouciance qui aseptise nos pensées profondes, atteignant les profondeurs de notre être. Nous tremblons, nous craignons pour notre âme et nous tombons dans un monde des interrogations, des doutes, des hypocrisies, des certitudes et incertitudes. Nous réveillons notre conscience qui sommeillait et voilà, nous sommes encore debout face aux réalités du monde. Est-ce ainsi la nature humaine ? Je crois qu'en finalité nous existons pleinement car nous sommes conscients. Mais, existent-ils des degrés sur l'échelle des consciences ? Il est fort probable que oui, et certains sont si conscients des choses qu'ils finissent par être toujours en éveil, de peur qu'elle ne s'efface et les plonge dans le néant et le chaos du monde.

Alors, faut-il craindre d'être trop conscient des choses, des réalités comportementales et existantes de ce monde. Je dirai non et cette conscience sert à fortifier notre âme qui, elle, s'installe dans son monde plus fin et pensant, dans un abstrait aux limites du réel. Elle est notre sauvegarde et dans l'importance des choses dont nous sommes faits, elle se place en tête et au sommet de l'édifice. Oui, je le pense, les grandes âmes sont constamment éveillées et chaque seconde de la marche du monde ne peut leur échapper. Elles sont une vigie sur l'humanité afin d'y faire régner la sagesse, la sérénité, l'amour et la bonté, mais également bien d'autres sentiments nobles. Dans notre existence, ici-bas, sur cette planète appelée Terre, nous connaissons plusieurs facettes au monde. Nous sommes donc reliés à différents niveaux des choses dites matérielles, intellectuelles et spirituelles. Le premier de ces mondes qui nous accueille et nous permet de prendre forme, c'est celui de la chair. Il a ses obligations, ses servitudes, ses plaisirs. Il nous attire parfois vers des contrées ténébreuses, mais il est à la base de tout. Pour nous humains, il est périssable et nous savons qu'un jour, après l'avoir animé, aimé, et goûté tous ses plaisirs, il se résorbera dans un néant ouaté, aseptisé, opaque, nous entrainant à l'oubli de ce qu'il fut. Et puis, cette force qui nous prend dans ses bras et nous enlace en créant notre environnement, nos conditions de vie et qui navigue de l'infiniment petit à l'infiniment grand. Elle anime la Terre, les océans, les rivières, les fleuves, les lacs et les étangs avec leurs molécules d'eau, puis elle définit le temps avec fermeté sur les différentes espèces. Cette force mystérieuse, qui parfois se déchaîne de par la colère de ses éléments, nous la nommons la Nature. Elle règne sur deux mondes, celui du végétal ou l'inanimé et celui des vies animées qui dépendent amplement du premier monde.

Et ce troisième monde qui est celui de l'esprit. Il a une ascendance sur les autres règnes et il en a besoin pour exister, il les soumet à ses règles. L'humanité, depuis le début des temps doit se soumettre à ses désirs, car sans lui point de salut. Pourtant, et malgré sa force, son impact, ses capacités de recouvrir et parcourir le monde, il ne règne pas dans le sectaire et le péremptoire. Il a organisé notre sauvegarde dans un ailleurs et nous permet un bonheur, une accession aux félicités célestes, un état de paix et de sérénité dont lui seul en recèle les qualités dans le monde des béatitudes. Il est la résidence de notre Père Créateur et spirituel, je veux nommer Dieu. Nous venons de la voir, nous avons différents niveaux d'influences sur notre mental qui définissent et orientent nos comportements. Pour notre formation existentielle, la Nature, qui est une grande Dame, instille en nous une once de chaque sentiment régnant en son sein. Elle nous donne notre corps de chair pour nous mouvoir et nous animer. Elle aime que nous nous régalions de ses délices et parfois, nous entraîne sur des voies difficiles en totale contradiction avec les vues de l'esprit. Ainsi, au fil du temps, nous deviendrions des épicuriens,des cartésiens convaincus,des agnostiques ,enfin des jouisseurs des choses matérielles et de la chair.. Mais, si le monde de la chair lui est aféodé, elle le laisse pourtant libre de ses choix. Nous accédons comme bon nous semble aux plaisirs du manger, à ressentir les goûts, à enivrer nos sens,à aimer et déguster les bons vins et les alcools,à nous étourdir par la drogue, à déterminer les goûts pour le sexe et tous ses plaisirs. Enfin, à développer notre sens de la possession matérielle sous toutes les formes. En somme, à désigner en nous des jouisseurs et profiteurs invétérés.

Puis, dans un degré moindre d'accessibilité, nous sommes confiés à Dame Nature qui est une personne effacée. Elle règne sur cette Terre, avec une grande force existentielle, en différents éléments, et elle impulse à la chair beaucoup de ses exigences. Elle a parfois, dans son organisation, une tendance à définir un péremptoire et un absolu comme si nous étions ses jouets. Elle sait nous charmer et après avoir instruit la chair, elle lui donne son milieu et ses conditions de vie. Elle offre, donne, mais elle reprend et parfois peu de temps après avoir donné. Elle nous fait subir, de temps en temps, nous petites et fragiles créatures, de grandes frayeurs. Elle démonte les mers et les océans par les tempêtes, les ouragans, les raz de marée. Elle active et parle aux vents, les anime et de la douceur d'une brise agréable elle en fait un monstre tempétueux cassant tout sur son passage. Elle anime le monde végétal et elle seule connaît les profonds secrets. Un secret si profond que toutes les créatures animées ne peuvent le percer car elles sont dépendants dans leur vie courante de ce monde premier.

Nous sommes un peu étourdi par ces deux univers qui nous brassent sans ménagement, sans civilité, mais avec le souci de nous donner accès à une joie de vivre en nous rappelant le bonheur d'exister dans le jouissif. Ainsi, nous aseptisons la puissance de notre âme et celle de l'esprit. Nous finissons, tout d'abord, par oublier, puis par nier, l'existence de cette dimension. Plus, je dirai il existe un conflit larvé entre les monde de la chair et de la nature avec celui de l'esprit. Chacun à leurs façons, ces mondes veulent que nous ayons un plaisir, le plaisir des sens, de manger, de déguster, d'apprécier les breuvages et nous soumettre au règne sexuel et reproducteur. Si je dis reproducteur, c'est qu'en finalité, plus une espèce exulte et plus la chair et la Nature se conjuguent et entrent en communion.

Le monde de l'esprit et Dieu ne sont pas prisonniers des deux premiers univers et ils s'élèvent en des niveaux ou des sphères sont parfois inatteignables pour l'humain simple mortel. Il a bien fallu trouver un dénominateur commun à tous ces mondes et ce fut le règne des sentiments nobles qui fut choisi. L'amour, la bonté, la sagesse, la sérénité, la compassion, le pardon, la miséricorde sont des sentiments qui se constituent et s'installent dans une priorité absolue. Nous avons également accès à bien d'autres sentiments assemblés et régnants. Mais, au sein des vies animées ,toutes les créatures semblent aimer et contenir cette richesse et ses diverses possibilités.Bien sûr, il est difficile de définir ce que porte une autre vie différente de la nôtre. Nous savons que les animaux ont des sentiments et ils aiment parfois à des degrés supérieurs à ceux de l'humain. Des espèces se laissent mourir, si un compagnon, un être cher disparaît. Ceci mentionne bien la puissance de l'amour régnant, principal bâtisseur et composant des vies animées. Quand au règne de l'inanimé, c'est-à-dire le monde végétal, nous ne savons pas, dans la quintessence autre que matériel, ce qu'il révèle et analyse. Nous en sommes donc encore à définir ce monde comme effacé, sans volonté affirmée, ni capacités renfermées. Nous sommes un peu prétentieux de concevoir que seul l'être humain pouvait aimer. Le monde est complexe, bien plus sophistiqué que nous pouvons le supposer. Comme nous l'avons vu, tous les sentiments s'assemblent par affinités, se regroupent et deviennent des forces incisives et incontournables. Elles nous investissent et font de nous leur champ d'application et parfois de bataille. Nous le réfutons souvent et par moment nous nions et négligeons l'expression de ces sentiments, même s'ils sont de la noblesse organisée du coeur ou de l'esprit. Nous pensons atteindre un état de faiblesse en en montrant, les contours et les formes. Nous préférons nous astreindre d'en développer les sens et les profondeurs. Nous avons peur de montrer notre dépendance, car nous croyons que tout est établi sur les mêmes bases et les mêmes modèles. Nous nous trompons sur ce sujet et il est préférable de laisser parler son coeur et son esprit que son univers intellectuel et son simple mental.

La nature humaine navigue donc dans la complexité pour qu'en finalité une quintessence de l'être soit construite, élaborée, finement ciselée et savamment instillée pour en extraire les qualités et l'esprit subtil. Il faut que nous nous aimions et nous n'avons pas le choix, car nous sommes plongés de par nos vies, dans un monde, un système qui est contraignant pour certains. Ceux qui souffrent en sont un exemple frappant. Pourquoi la souffrance existe-elle ? Ne peut-on pas la vaincre ? Elle existe sous deux formes : l'une concernant le physique et la chair, l'autre atteignant les sphères de l'esprit et de l'âme. Cette dernière souffrance est redoutable car nous ne pourrons l'apaiser et elle a un sens développé du mal ancré au plus profond d'elle et dont il faut aller dans ses entrailles extirper toutes les affres que nous avons voulu y mettre. Nous en souffrons et il nous faut compter sur le temps et l'oubli pour apaiser, effacer et aseptiser ces douleurs. Nos anciens avaient défini ces maux comme une intrusion de l'esprit au sein d'un monde où les flammes incandescentes le rongent pour l'envoyer vers un séjour appelé l'enfer. C'est une vue de l'esprit et s'il existait dans la grande réalité, cela voudrait dire qu'en ouvrant cette fenêtre sur ce monde, nous déclanchions un phénomène pouvant créer la souffrance des êtres incarnés.

17. L'EGLISE N'EST PAS DIEU !

Il ne faut pas s'y tromper, l'église formée pour servir le message de Jésus Christ et son enseignement à travers les apôtres et leurs évangiles, n'a pas l'apanage de contenir Dieu confisqué entre ses murs. Elle est une façon de servir une pensée d'approche de ce qu'est la réalité de Dieu. Dorénavant, je pense qu'elle se situe assez loin de cette philosophie originelle et elle est plutôt enclin à revêtir l'habit d'une administration bien assise sur ses convictions. Lutte-elle contre l'exclusion sociale, la pauvreté, le mal être de nos sociétés : Non !

Attire-t-elle judicieusement l'homme sur l'importance de son âme et sa dynamique appréhendée et comprise : Non ! Enfin, les gens qui la servent ont-ils l'esprit que voulait nous transmettre Jésus lors de son instruction : non ! Il faut relativiser, car certains prêtres ont un réel dévouement pour l'esprit et la conscience des autres. Il faut le reconnaître, mais l'organisation hiérarchisée qu'ils représentent est trop froide et méthodique.

Tout le contraire du comportement de Jésus : philosophe serein, humain, bon et rempli d'amour pour ses semblables. Il n'était pas dans la parole péremptoire, mais il voulait nous convaincre de nous ouvrir à une autre philosophie, sur le sens de la vie. Il n'aimait pas les dominants sociaux, la richesse, le pouvoir organisé des romains d'alors. Il voulait rendre l'homme et son esprit libres, aimant et bon, sans le contraindre dans la doctrine. Qu'a donc fait cette église ? Quand on sait que les apôtres et notamment Pierre étaient mariés. Pourquoi cette église a voulu pour ses serviteurs un célibat sans négociations, ni tergiversations quelconques ? Pourquoi cette église, à une période de son histoire a traité la femme comme une créature sans âme ? Faut-il remuer ce douloureux passé, pour s'apercevoir que ce n'est pas en s'enferment dans une tour d'ivoire que l'on rencontre Jésus et Dieu. Ce n'est pas non plus dans les livres et par l'enseignement le plus court chemin. C'est par la philosophie active de l'esprit et de l'âme en vibration constante avec l'autre dimension. Nous humains, nous condamnons trop et trop vite. Nos jugements sont très souvent péremptoires et quand ils touchent les autres, ils portent en eux peu de pardon dans leur grandeur. Car savoir pardonner est la plus grande capacité que nous ayons en nous et c'était sur ce point que Jésus est intervenu dans son enseignement. Aimer son prochain, n'est pas le condamner et tout au contraire, c'est le libérer de tous les sentiments haineux, jalousie, veulerie qui nous entourent et parfois nous envahissent. Il ne m'appartient pas de juger de tous ces comportements. Je peux dire, ici, que j'ai parfois trouvé dans l'action, la pensée du pape Jean-Paul II, une grande communication dans l'idée de Dieu. Je n'est jamais douté de sa véritable foi et de son sacerdoce sincère. Je pense que c'est un des plus grands papes de l'histoire car il avait le comportement et cette pensée que Jésus voulait nous enseigner. Je pense profondément et sincèrement qu'il était en communion avec Dieu et pour nous les humains contemporains, il était un esprit portant des richesses spirituelles uniques. Donc, vous le voyez, mon analyse n'est pas fermée sur l'organisation elle-même. Je crois fermement que cette église a du mal à s'adapter à la société moderne. Nous le savons, désormais, quand on ne s'adapte pas, on disparaît. Heureusement, il y a Jésus qui vieille et imperceptiblement, mais sûrement, il introduit dans notre monde des âmes capables d'en redresser l'esprit et la philosophie.

18. L'ACCES AUX DONS DIVINATOIRES.

Suite à mon voyage astral, j'acquis une fraction du don de la divination. C'est-à-dire connaître le futur dans une période précédent l'évènement lui-même. Cela répond à une forme d'intuition qui peut se révéler dans sa définition exacte ou bien tronquée et fausse. C'est un don qui ne peut-être utilisé que comme médium et c'est dans ces sens qu'il faut l'entendre. Les messages que j'ai reçus se sont affirmés exacts dans leur teneur, mais je n'ai pas, pour autant, développé ces possibilités enfouies au fond de mon inconscient.

Certains utilisent la boule de cristal, le mare de café, les cartes et notamment les tarots où ils lisent les avenirs et destinées. D'autres interprètent les signes astraux et se définissent par rapport aux conjectures zodiacales. D'autres se relient à la situation et position des étoiles et leurs significations. Moi, je me relie aux petits signes, petits actes et errements insignifiants qui font en s'assemblant, le dessin de la réalité de demain. Je n'interprète pas l'avenir, mais j'essaie de l'imaginer philosophiquement avec la répercussion sur la société, le comportement humain et les avancées civilisatrices. Rien de bien exact, mais parfois avec pertinence j'entrevoie une réalité différente par les vues de mon esprit. En 1977, je fus bien contacté et inspiré justement par l'idée que nous allions traverser, dans notre société politique, un règne du socialisme. Il s'est bien incarné en nous conformément à mes vues et pensées futuristes, n'en déplaise aux détracteurs de telles intuitions. Maintenant, j'entrevois un monde, une société trop matérialiste et essentiellement portée par l'argent et tous ses corollaires. Ceci me permet de vous narrer ma vision des choses et me donne un aperçu de notre tous ensemble dans un concret plus imaginatif et matérialisé. Cette conscience de ces avancées me pousse à communiquer avec vous sur ces sujets, même si parfois mes déductions intuitives m'attristent et m'affligent par leur manque d'objectivité tournée vers les hommes et l'humanité entière. Ces vues sont vibratoires et j'en ressens profondément la dynamique. Je ne suis pas pour autant devin et je connais mes limites en la matière. J'ai entrevu également un autre don que j'ai nommé dans mon précédent ouvrage. C'est la possibilité de raffermir dans l'amour un rapprochement entre les êtres, en leur donnant une expression plus grande par ce sentiment. Parfois, je suis même dubitatif sur de telles possibilités portées par mon être. C'est une réalité à laquelle on ne peut échapper. Jusqu'où vont ces pouvoirs immatériels ? Je ne pourrai vous le dire et je n'ai pas voulu en développer les contours et les expériences. Mon instruction sur les matières intuitives m'ouvre de nombreuses portes qui parfont mon instruction et ré affermissent ma connaissance générale. Voilà, en quelques lignes, ce que votre serviteur porte au fond de lui-même et lui permet d'explorer différentes facettes de notre vie. A partir de là, j'ai choisi une voie de communication et elle est celle de l'écrit qui, je pense, peut toucher et faire connaître mon point de vue sur beaucoup de matières. Mon expression littéraire est parfois de mauvaise qualité, mais je m'attache constamment à la parfaire. J'essaie d'éviter l'image de la pédance et de l'ego centrisme par un développement démesuré de mon moi. La simplicité et la modestie dans l'écrit et ses descriptions me guident. En tout, je souhaite qu'il en soi ainsi.

La route qui s'ouvre devant moi, dans mon oeuvre littéraire est longue et ardue, comportant de nombreux méandres, mais je parie sur une vie assez longue pour vous entretenir sur ma pensée inspiratrice et profonde. Je suis donc un retraité jeune, actif, dynamique dont la plume vibre et atteint les mots dans la fertilité pour activer positivement l'esprit. Tant que Dieu me prêtera la possibilité intellectuelle, mentale et physique, je continuerai sur ce chemin merveilleux et enrichissant de la communication vive.

Je veux assurer, ici, mes lecteurs de mon profond respect affirmé par la sincérité et l'honnêteté intellectuelle de mes propos. Je prends l'engagement que la correspondance avec les lecteurs le désirant sera établie et adaptée aux questions que chacun de vous se posera sur ma prose prolixe. Je n'ai pas d'autres ambitions que celle de la communication entre les êtres dans la simplicité qui me caractérise.

19. LE MONDE DES SONGES.

« Qui habite le songe ne meurt jamais »
Georges SCHEMADE

Le monde des songes n'est pas celui du rêve ou de l'imagination. Il est celui du contact entre plusieurs réalités existantes et régnantes. Il a un sens et transmet souvent un message éclairé au contacté. Nos songes sont aussi utiles que nos rêves et ils entrent dans l'activité des dimensions de l'abstrait.

LE VISAGE DE JESUS.

Le visage de Jésus m'apparut en songe. Je contemplai la bonté personnifiée et incarnée. Rien de plus grand n'existe, sauf l'amour dans sa pleine dimension. Nous avons eu un dialogue de l'esprit et il me transmit un certain message.

Il me demanda de m'exprimer ,dans le temps, sur le monde de l'esprit avec mes souvenirs , mon vécu , mes expériences, mes connaissances et ma philosophie.Il m'indiqua qu'il serait opportun de développer les philosophies qu'il avait enseignées lui-même,il y a près de deux mille ans. Il me dit que cela faisait très longtemps et qu'il serait important que le message soit réaffirmé. De ce fait, je vis son visage, emprunt de sérénitude, de paix, d'amour, de bonté dans leurs plus grandes dimensions, se ré affirmer dans l'expression. Sa grande barbe blanche me donna l'impression que son visage se modifiait avec les sentiments exprimés en ressenti. Je reçus le message et sa signification clairement et sans ambiguïté analytique. J'ai décidé de m'impliquer dans la divulgation de l'existence de l'autre monde, à ma façon. Ainsi, j'ai commencé mon oeuvre de communication et j'en suis au deuxième manuscrit. Tous mes thèmes littéraires reflètent la présence de Dieu et Jésus le fils bien aimé. Souvent, j'y fais une inclusion de référence dans mes philosophies d'auteur.

20. SONGES ET CROYANCES DIVERSES Avec leurs Symboles.

« Le temps scintille et le songe est savoir » Paul VALERY

Puis ce songe étrange qui m'atteignit un jour. J'étais avec une autre personne sur le dos d'un éléphant et nous chevauchions chacun notre monture à travers les continents. Mais que signifiait cette matérialisation de l'esprit ? Je m'en enquérais et je découvris qu'en Afrique et en Inde, ainsi que d'en d'autres contrées du monde l'éléphant représente une créature merveilleuse au porte de la divinité. Chevaucher ce pachyderme représentait une conscience du monde ou signifiait une élévation de l'esprit. Dans différents ouvrages, je découvris que certaines croyances mentionnaient que notre monde terrestre était porté par deux éléphants sur leurs trompes. Il le maintenait en équilibre. Croyance ou réalité abstraite, je n'en sais rien. Cependant, je découvris un jour ce symbole ou cet emblème sur un marché sous la forme d'une magnifique sculpture de bois finement et adroitement ciselé par un artiste africain. Cette découverte me porta à croire ce que j'avais lu : une réalité consciente porté par un animal dont nous ne cessons, par cruauté, d'affaiblir l'espèce. Nous détruisons ses habitats, ses biotopes qui lui permettent dorénavant de survivre en quantité limitée, et même aux limites de l'extinction. L'éléphant, au sens le plus large et universel, est symbole de force et de puissance, non seulement physique mais également mentale et spirituelle. En Inde, il représente la sagesse. Il joue le rôle de l'animal support du monde. Les éléphants sont les « caryatides » de l'univers. Ils possèdent en eux la structure du cosmos et ils sygmatisent quatre piliers supportant la sphère céleste, symbole de stabilité et d'immuabilité. Dans l'arbre de vie unissant le ciel et la Terre, il se place au sommet, là d'où vient la lumière qui illumine le monde. Sur ce sommet, il évoque la lumière, la connaissance capable d'éveiller l'homme à la conscience du destin.

21. LES SOCIETES ET LES RELIGIONS

Faisons un tour d'horizon des différentes et principales religions façonnant la face des sociétés et les comportements aux seins des civilisations. Tout d'abord, le Catholicisme ou le Christianisme et son église définit sur le message de Jésus Christ, il y a environ deux mille ans. C'est certainement avec l'Islam, une des plus grandes religions. Il a formé son dogme sur une organisation de forme administrative et des rythes portés par des incantations émises à l'intérieur des lieux du culte, soient les églises, soient les abattales, soit les cathédrales et les couvents ou monastères. Le système est hiérarchisé et le serviteur semble pétrifié par l'organisation. La dissidence de certains prêtres et évêques a été constatée. Les différents papes ont été et sont les dignes successeurs de St Pierre.Ce dernier étant un apôtre de Jésus et il exerçait la profession de pêcheur Il était marié et je pense qu'il a eu une descendance. D'autres apôtres étaient, eux aussi, des hommes mariés. Ces hommes sont devenus des prophètes à leur façon et des missionnaires en allant porter la parole de Jésus au sein de nombreux pays païens ou ayant d'autres croyances. Ils ont, en grande partie réussi leur mission, mais certain d'entre-deux ont perdu la vie, car les despotes régnants en ces périodes n'étaient pas enclin à croire un tel message d'espoir et d'amour. Jésus dit à Pierre, avant de nous quitter : « Tu es Pierre et sur cette pierre, je bâtirai mon église ». Ce qui fut fait. L'église demanda très vite à ses serviteurs le parfait en la matière et elle sollicita rapidement les voeux de chasteté, d'obéissance totale, et de ne pas prendre épouse et avoir enfants. C'était être plus royaliste que le roi ! Ces hommes devaient avoir un comportement le plus proche possible d'un saint. Ils eurent et ont encore beaucoup de mal en la matière et il est parfois choquant que cette évolution nécessaire pour ces simples serviteurs humains ne soit pas comprise.

Mais, le plus grave réside dans le fait que certains d'entre-deux,à une époque donnée, s'allièrent avec la royauté et son pouvoir absolu pour régner sur un peuple appauvri, apeurés sous les menaces constantes et terrifiantes d'un enfer les côtoyant sans cesse. Ceci créa des troubles de l'esprit, avec cette épée de Damoclès constamment activée. L'humain, dans sa grande idée d'être libre, refusait ce pouvoir absolu dressé à son encontre. La société et ses civilisations avançaient cahincaha, mais elles progressaient dans une dynamique lente, parfois imperceptible, mais sûre. L'église n'admit que très lentement ce fait et elle se réfugia au sein de son organisation hiérarchisée. Quelques serviteurs éclairés s'y opposèrent, mais ils ne purent changer l'état d'esprit régnant.

Le Protestantisme lui fut obtenu par une dissidence due à Calvin et Luther et il organisa d'autres voies accédant vers Dieu et Jésus. Les serviteurs ou les pasteurs abordent d'une autre manière le culte et c'est sous l'aspect d'hommes vivant leur vie de chaque jour qu'ils apportent la bonne parole à leurs fidèles. C'est un mouvement peu hégémonique, mais peut-être plus près, à mon simple avis, du message reçu.

L'Islam, elle, touche beaucoup de fidèles et elle connaît actuellement un regain car elle semble convaincre beaucoup d'humain et notamment de nombreux musulmans. Elle base son dogme sur le vécu et les paroles de son prophète Mahomet, a qui Dieu a fait certaines révélations. Si le Coran, son enseignement paraît être très favorable à la spiritualité, comme en d'autres dogmes, des irréductibles sectaires s'installent au sein de ce culte pour en propager une image des plus ternes et affaiblie. La violence de certains groupes est aujourd'hui manifeste et elle le discrédite amplement pour en faire un élément de terreur des peuples, loin du message initial. Ces données révélées permettaient à l'homme mortel de définir une sauvegarde à son âme dans une autre dimension. C'est donc un enseignement qui doit conduire à Dieu par une autre voie offerte. Souhaitons que ces soubresauts actuels se stabilisent et quittent la route sectaire et péremptoire qu'ils ont choisie.

Le Judaïsme et le peuple Israélite ont également une voie d'approche et de rencontre avec Dieu. Ils ont été et sont toujours un peuple adulé de Dieu, mais d'autres hommes jaloux et cruels les ont fait souffrir avec des sentiments antisémites agitant parfois notre société. Ils sont, à n'en pas douter, le peuple le plus près des attentions de notre Créateur.Lui seul connaît la grande souffrance que les autres hommes leur ont fait subir. Les Rabbins serviteurs de cet enseignement ont généralement une grande conscience très digne. D'ailleurs, Jésus au début de son règne humain était bien un des leurs. Une divergence apparut avec avec l'idée même de ce dogme et ils repoussèrent Jésus dans ses propres enseignements. Ils sont aussi une route ouverte pour accéder au royaume de Dieu. L'équivoque eu lieu au moment de la condamnation de

Jésus par Pilate le romain et ils n'apportèrent pas à ce dernier un total soutien, voire même ils le condamnèrent et le livrèrent aux Romains envahisseurs et conquérants. Sont-ils à l'origine de la mort terrestre de Jésus ? On peut le croire, mais il faut se méfier d'un tel jugement car il a apporté plus de haine que celui du développement d'un pardon général.

Les trois religions que nous venons de découvrir sont soeurs en Abraham, patriarche auquel elles se relient.

L'Indouisme et le Bouddhisme sont une variante de la sauvegarde de l'âme humaine. Ils portent en eux l'idée que l'esprit se réincarne de nombreuses fois pour procéder à son élévation spirituelle. La roue incarnatoire permet à l'être de revenir au sein de la vie animée et c'est la une variante des croyances affirmées.Le Dalaï-lama, grand maître spirituel Tibétain veille sur son peuple. Honorable serviteur de Dieu, le peuple Tibétain est persécuté par la civilisation asiatique et notamment la Chinoise. Nous venons, encore une fois, en 2008, de nous en rendre compte. Pourtant, ces hommes, très mystiques portent en eux une conscience spirituelle et terrestre élevée. Ils en paient un prix trop injustement !

Il existe également de nombreuses variantes dans l'approche de Dieu et certains mouvements dénommés sectes y fondent leur fond de commerce. Des communautés se sont formées et se construisent toujours, malgré les lois assez sévères quant à leur existence. Je crois à la nécessité de légiférer en la matière car trop de profiteurs veulent établir une dominance sur des individus fragiles en les exploitant sous beaucoup d'angles. Tout d'abord le financier pour assurer une richesse à leur communauté, ensuite par un endoctrinement touchant à l'intellect en aseptisant les systèmes de pensée, ce qui est plus grave. Enlever la libre détermination aux êtres est une aliénation des plus importantes. Quand ce ne sont pas les moeurs qui sont touchés avec les maltraitance d'enfants, de femmes et de jeunes filles. Il va s'en dire que le législateur se doit de protéger les individus contre toutes les formes d'aliénation.

En Amérique, nous trouvons d'autres variantes assez développées qui basent leurs forces et doctrines sur une vie simple, en refusant toutes formes de progrès matérialiste. Ce sont les Amiches, les Quakers, les Mormons etc.… et j'en passe de ce ces groupes tentant de s'isoler de la dynamique moderne des sociétés , pour entrer dans un vécu des plus resserré ,qui selon leurs dires, se rapprochent de Dieu. C'est donc une forme comportementale d'une spiritualité vécue et présente qui les anime. On peut dire que pour trouver leur vraie voie, ces femmes et ces hommes s'isolent afin de méditer et donner un sens à la vie humaine. Beaucoup de groupes ont des formes de fonctionnement approché et les moines, les moniacales ont des vies spirituelles les portant à se retirer de la vie ambiante sociale moderne de notre société.

Vivre dans un monastère ou un couvent représente une obligation de vie spirituelle profonde et enrichissante pour l'esprit de ces personnes. C'est en soi un don de sa vie à Dieu, pour lui confirmer notre amour et raffermir en ces lieux une foi réelle et expansive dans le vécu journalier. Nous trouvons ces minis sociétés fondées sur les bases philosophiques du catholicisme, de l'Indouisme et du Bouddhisme.

Toutes les exubérances humaines, dans un vécu riche et expressif, y sont bannies car la chair et l'argent sont repoussés et ne font pas partie de ces comportements spirituels. Mais, au juste, est-ce seulement par cette manière que l'on peut se rapprocher de Dieu ? Personnellement, je le crois et c'est avec un grand courage que ces femmes et ces hommes orientent leur vie. Ils auraient pu avoir une autre expression, mais ils ont choisi la simplicité et parfois le silence entrainant avec lui une méditation et une contemplation très poussée. Ce n'est nullement sacrifier sa vie, mais l'enrichir des forces spirituelles qui sont à notre entière disposition.

22. PERIODICITE ET QUALITE DES RELATIONS AVEC L'AUTRE MONDE.

Il s'agit de s'entendre sur ce que nous nommons l'autre monde. Il s'avère être une autre dimension des choses et du temps, mais c'est aussi, en ces lieux, que réside notre Père à tous et son Fils Jésus, Marie sa mère, les Saints et les Anges. Il forme une communauté d'accueil des âmes lors de leur départ de notre monde terrestre. Mais, comme il n'éxste pas qu'une voie, qu'une façon d'aller vers Dieu, nous y trouvons d'autres communautés structurées selon les croyances différentes sur Terre. Comme il est convenu de dire : « Il y a plusieurs demeures dans la maison du Père ». Et, à mon avis, rien n'interdit qu'il y en ait une pour chacun des mondes créés et abritant la vie. Il est fort possible que la création universelle de Dieu, soit si importante que cela pourrait ressembler à la définition d'un monde entier dans la variété des âmes accueillies. Nous savons qu'il existe bien, au sein de ce monde de l'esprit une hiérarchisation de la valeur des âmes selon leurs propres capacités et leurs mérites. Différents niveaux appelés sphères sépareraient les âmes selon un accessit dont les vraies modalités d'élévation ne nous sont pas connues. N'est-ce pas nous également dans nos raisonnements terrestres qui voulons établir une hiérarchisation sur l'échelle des valeurs ? C'est une forme d'analyse du cerveau humain matériel et rien ne nous indique que le spirituel soit enclin à de tels jugements. Nous savons que la dimension de l'esprit se nourrit de notre richesse spirituelle, mais celle-ci n'a que trop peu de ressemblance avec l'épreuve de la vie terrestre.

Nous sortons du monde de la matière, pour aller vers celui plus léger, sensible, délicat, subtil du monde des ressentis attachés aux sentiments et toutes leurs valeurs induites. L'amour dans sa plénitude y est présent et il est même dominant dans cet univers. Ensuite arrive la bonté sous toutes les formes. Après réside l'honnêteté sous bien des visages. La vertu dans toute sa grandeur, non pas dans la pudeur terrestre, mais bien dans sa pleine dimension. Réside aussi la sincérité de l'être et sa façon de se conduire en communauté ou en groupes organisés. J'en oublie certainement de ces valeurs nobles portées par l'homme dans sa quintessence. Donnons également en exemple la compassion et le pardon, deux pensées matérialisées ici-bas dans des dimensions parfois très étroites. Nous n'avions peut-être pas imaginer et envisager que nos sentiments les plus forts puissent s'unir pour en arriver à construire un univers et surtout en développer la pureté de l'essence. Sur Terre, faire preuve de grands sentiments dans son comportement est parfois jugé comme une faiblesse de l'être. Je ne citerai comme exemple que ces allocutions : « Si tu es bon, tu es con ! », « Si tu es honnête, tu es bête et maladroit ! ».

Bref, l'énumération pourrait être longue et notre route sans issue que nous construisons ainsi, ne se révèle pas fiable dans sa stabilité. Pourtant, c'est bien ainsi que notre société moderne nous entraîne à vivre notre quotidien et ignorer ce qui bâtit notre futur après notre métamorphose dans l'autre monde. Nous agissons souvent à l'inverse de cette évolution et désormais, si nous prenons en exemple l'amour, nous avons tendance à n'y voir qu'une facette : celle physique. L'autre dimension, celle du coeur est bien plus développée en richesse. Aimer dans la grandeur d'âme n'a jamais déshonoré l'homme lui-même.

Nous avons tendance à devenir horrible socialement sur tous ces sentiments car nous formons et développons une communauté rude où l'homme est un loup pour l'homme. Nous opposons presque systématiquement l'individu à l'individu et nous appelons cela l'émulation pour rechercher le meilleur des êtres en toutes performances. Nous faisons fausse route sur le sujet et à force de construire un monde loin de l'humanisme et ses sentiments, cela devient dangereux pour la survie de notre tous ensemble. Je sais que l'homme a parfois des gros sabots et qu'il lui faut du temps pour raisonner autrement et surtout bâtir sa société différemment. Bref, nous en sommes à ce niveau aujourd'hui, où croire en une autre dimension se révèle pour beaucoup d'humains hors des réalités existentielles. Nous disons que nous avons tout le temps d'y penser quand nous serons morts et sortie de cette dynamique du vivant. Dans un sens, je comprends ce raisonnement, mais une partie de moi le nie et le réprouve. Je me dis parfois que je ne recherche peut-être pas assez le concret matériel de toutes choses dans leur accomplissement. Ainsi, je me retrouverai mentalement dans mes différentes analyse sociologiques ou personnelles, entre deux réalités sans en pénétrer une. Je serai décalé sur le concret dans toute chose et je ne vibrerais plus avec la dimension à laquelle je suis rattachée. Etrange déduction et analyse qu'il faut bien faire. Ainsi, on introduit le doute sur la chose elle-même et si ce n'était qu'une histoire d'organisation du mental ? Un psychanalyste y verra certainement ce côté touchant à la formation du cerveau et son éducation fonctionnelle. Un jour, un grand médecin m'indiqua, alors que nous parlions d'un au-delà de l'esprit et du voyage astral en général, que c'était notre cerveau qui organisait sa sauvegarde par une réaction du chimique. Ceci nous entraînait vers des réalités de mondes imaginaires, qui, si le phénomène se poursuivait auraient disparu en se dissolvant dans ce que nous appelons le néant.Il n'y aurait après cela que le vide,l'absence,l'effacement,l'évasement des réalités dimensionnelles et vécues, enfin le néant. Je n'étais pas d'accord avec le point de vue très scientifique de cet éminent spécialiste car c'est nier les valeurs de l'esprit que nous avons bâties au fil des siècles. Nier l'existence propre de l'esprit et de l'âme est grave, car cela nous entraîne à ignorer cette alliance faite entre les deux : le corps et l'âme.

Le corps physique accueillant l'âme pour lui permettre de se matérialiser et procéder à son évolution propre. Oui, je crois à cette conception de l'humain et je suis persuadé, pour l'avoir expérimenté, que le voyage astral est la séparation momentanée de l'esprit avec le corps. Je dis bien momentanée, car après ce vécu, l'ensemble reprend tant bien que mal son ordre de marche. Si l'ensemble ne se remet pas, c'est donc la mort qui l'emporte avec le rejet et l'abandon du corps physique, mais non la fin de l'esprit et de l'âme.

Et c'est bien là où résident les différentes analyses : y a –t-il dé corporation de l'esprit ? Peut-il voyager aux confins des mondes matériels et physiques ? Retourne-t-il vers son lieu de naissance, sa demeure secrète ? Il est évident qu'un grand malade inconscient, un comateux, un accidenté gravement, s'en iront, s'ils perdent conscience vers cette réalité où leur mental les entraînera. Ils en reviendront et peut-être pourront-ils nous dire, nous décrire leur merveilleux voyage. Il existe plusieurs dimensions à cette séparation de l'esprit avec le corps. Tout d'abord une plus petite avec l'opération chirurgicale et l'anesthésie, puis le comma peu profond où l'âme navigue en des lieux connus et tout autour de son moyen de véhicule physique qui l'accompagne et lui est cher. Le tout, dans une vision portée par la lumière elle-même. La deuxième réalité de ce phénomène est le voyage astral qui, s'il ressemble à ce premier phénomène n'est pas pour autant moins actif. Le voyage est parfois assez long,mais d'une rapidité incalculable,dans un couloir de lumière vivifiante, d'une beauté sublime et remarquable, stabilisant tous nos sentiments dans un bien être absolu. Ainsi, nous ne pouvons atteindre des sphères qui nous étaient inconnues, mais dont la pureté spirituelle ne fait aucun doute.

J'ai vécu cela et j'ai renforcé ma croyance dans l'existence d'un autre monde après cette vie. Revenons à notre spécialiste et son raisonnement scientifique. Selon lui, j'aurais rêvé dans mon propre intérieur et en fait cette matérialisation ne serait qu'une expression de la volonté imaginative de notre propre cerveau. Mais, alors pourquoi les personnes ayant vécu cela en font-elles les mêmes constats et approches ? Serions-nous de grands affabulateurs et notre mental nous jouerait-il des tours ? Je n'en suis pas persuadé car mon expérience prénatale que je décris dans « Nous sommes les racines du Ciel » me conduit à affirmer que l'hypothèse d'une autre dimension se confirme.

Je fus sorti du néant par un orchestre symphonique puissant d'où émergeait le son des trompettes. Toute cette symphonie développait un champ vibratoire et mon âme se réveilla de son néant pour entrer dans le monde de la conscience. Pau de temps après, je rencontrai notre Père Eternel, notre Père à tous, notre Créateur qui me permit d'entretenir lors de ma formation fétale une forte relation avec lui.

J'eus un dialogue et des instructions me furent données. Mon destin en fut bien influencé Mon vécu fut conforme aux données du dialogue que j'ai eu avec notre Père. Je n'étais pas encore un être matérialisé et je ne pouvais donc pas physiquement assurer mon intégrité de vie. L'éveil de mon âme a activé celui de ma conscience des choses et surtout de la vie et j'en reçu tous les condensés analytiques. Cette phase se passait-elle ici-bas, sur notre bonne vieille Terre ? Je n'en suis pas sûr et nous allons le voir. Après que cette symphonie m'ait réveillé et que ma conscience soit devenue active, je pus entrer en contact avec Dieu. Il s'agissait de voir dans la nature de Dieu, un être d'amour dans une grandeur inconnue de nos dimensions et dont nos paroles et nos verbes, nos qualificatifs, nos écrits n'a que peu de force pour en nommer et définir la vraie nature.

Le dialogue que nous avons eu tous les deux fut télépathique, mais puissant. J'étais soutenu pas son amour rayonnant et je m'y réfugiais dans un bien être se reliant à un bonheur parfait. Je compris que je devais m'incarner parmi les hommes et je reçus beaucoup d'éléments sur l'humanité. Mais, tout d'abord, il fut bien question d'une planète nommée Terre et elle me fut présentée sous ses aspects les plus riches en beauté. Les éléments apparurent comme ceux issus de la création donc de l'oeuvre de Dieu. En résumé, si la Terre m'a été présentée c'est que je venais probablement d'un autre lieu et d'un autre endroit que notre bonne vieille planète. J'en déduisis que je venais d'un autre monde situé dans l'univers où j'avais vécu une existence, car ne suis pas, je le pense, une âme neuve. Cette prise de conscience précoce et tous les souvenirs ancrés en mon esprit et mon âme me parlent encore aujourd'hui. Mon incarnation dura un temps que je ne peux définir et il n'a pas de relation avec celui vécu ici-bas. Le dialogue que j'ai entretenu avec notre Père ne fut pas permanent, mais entrecoupé de phases de perte de cette conscience active. Mes relations avec Dieu furent très fertiles, riches et instructives. Sa présence représente l'essentiel, l'absolu de tout et plus rien n'a d'importance sauf celle-ci à nos côtés. C'est ainsi que l'esprit l'analyse.

Il apparaît bien que notre Père à tous invite les âmes et les esprits à passer d'un monde vécu à un autre bien différent et ceci dans l'évolution de l'ensemble des âmes. J'ai gardé le souvenir de mon incarnation et j'ai fait le souhait intérieur de vous en communiquer l'intimité pour que tout cela devienne instructif et que nous nous connaissions mieux. Rien ne s'est effacé au sein de ma conscience active et parfois, j'ai l'impression d'approcher Dieu de très près. A certaines périodes je sens sa présence à mes côtés en m'instruisant encore, notamment pour que je puisse être utile à l'ensemble de notre communauté d'hommes ici-bas. Mon expérience me fait dire que d'autres mondes, on nous parle et l'incarnation d'âmes provenant de différentes humanités universelles semble une réalité. Les âmes ne tournent pas en rond autour de leur planète de vie, mais elles sont sollicitées pour voyager et s'incarner ailleurs. Après ma mission Terrienne, je serais peut-être appelé à vivre de nouvelles expériences dans un autre monde, mais dans des milliers d'années, je reviendrai peut-être vers vous et nous nous rencontrerons de nouveau si Dieu le permet. Etre une conscience toujours éveillée est merveilleux, mais cela a un prix : c'est de connaître et aborder bien des analyses touchant à l'humanité, aux différentes civilisations, enfin aux comportements humains et à leurs sentiments globaux. C'est aussi regarder en face la distance qui nous sépare de Dieu de plus en plus, mais également lutter contre l'injustice des hommes et notamment en y introduisant les idées d'amélioration au sein de nos communautés. Ce n'est pas si simple d'être en permanence dans cet éveil, mais en même temps c'est le plus grand honneur que Dieu ait pu me faire. J'en éprouve de la joie, mais dans cette vie terrestre, j'essaie de garder la confiance de notre Père Spirituel. Je rencontre bien souvent des difficultés, car je me suis rendu compte que la réalité existentielle des hommes n'est pas un long fleuve tranquille. Il nous faudra toute la compassion, la miséricorde, le pardon, l'amour, la bonté de Dieu pour que nous soyons aimés de celui qui nous a créés. Je sais que je ne vaux pas mieux que les autres hommes, sans plus, ni moins. Tout est relatif sur les questions des âmes et leurs mérites spirituels.

Après les informations et les explications que je vous ai fournies, vous comprendrez que les raisonnements trop matérialistes et ceux niant farouchement l'existence de l'âme me tourmentent. Pour moi, l'existence de Dieu est réelle, grandiose, vivifiante, salvatrice, rédemptrice pour les hommes. Alors, quand je vois des philosophies de négation se mettre en place génération après génération, on peut être inquiet pour l'homme lui-même.

Faut-il que nous soyons tourmentés profondément pour ne plus penser à l'avenir de notre âme ? L'humanité, en réalité, s'oppose en philosophie sur l'existence de Dieu et son monde, dans une autre dimension et l'existence seule d'un monde de la matière sans prolongement. Dans cette dernière vision, nous n'avons aucune aucune perspective d'avenir pour l'esprit et l'âme. Tout n'est que hasard, coïncidences, futilité, chance. Rien à faire, les hommes s'affrontent durement également sur ces points et de plus ils affirment leurs divergences très fermement concernant la vision et les abords de Dieu et de son monde. De nombreux cultes ont défini, chacun dans leur dogme, une vision et une approche. Alors, cette partie globale de l'humanité qui croit s'oppose dans ses phalanges comme des enfants d'une même famille se disputent et se chamaillent.

L'autre thèse ne s'embarrasse pas de théorie sur l'avenir et une croyance métaphysique ils (les humains) disent que le vécu doit toujours être conjugué au présent en y exploitant toute chose et ceci pour toutes les générations confondues. Chacune jouit et exploite, crée sa richesse et la dilapide car elle n'a pas d'existence au-delà de sa propre vie. Il faut que chacun profite au maximum de tout, même en accélérant le temps, pour pouvoir encore mieux en bénéficier. L'homme, ainsi, se transforme en un jouisseur invétéré, un pilleur sans regrets ni remords, un exploiteur de toutes les richesses.

23. SCIENCE SANS CONSCIENCE, EGALE RUINE DE L'AME !

La situation sur l'état de nos sciences régnantes est verrouillée par notre comportement sociétal. De plus, aucune détermination n'a été réalisée sous forme de référendum, ou consultation des peuples, sur les sujets qui sont importants, sensibles et délicats. Ainsi, nous nous sommes retrouvés enfermés par des décisions arbitraires et péremptoires.

Si nous nous étions prononcés, nous aurions dû accepter ces sciences aux visages grimaçant et dangereux. En la matière, rien ne fut possible et il faut le déplorer. Dorénavant, seule une phalange dirigeante des peuples détient envers elle un pouvoir absolu. Si nous acceptons celui de notre Créateur, nous ne pouvons consciemment valider ces orientations. Je sais, elles maintiennent, de part un statut quo de la terreur l'avenir des peuples dans la paix relative. Mais à quel prix ? Fallait-il que notre avancée civilisatrice aliène notre propre destin que nous dessinions dans la liberté et le respect des populations ? Les chemins tracés avec ces sciences s'ajoutent à un constat des plus éloquents. La notion de peuples libres et souverains est très subjective et nous ne savons plus comment nous sortir des mauvais pas. Est-ce normal qu'en vieillissant notre société n'acquiert pas plus de respect de la vie ? Car au-delà de l'espèce humaine, c'est l'ensemble du vivant qui est confisqué et menacé.

L'atome et le nucléaire présentent dans les formes et dans les applications beaucoup de dangers. Le premier d'entre-deux est d'atteindre la quintessence des formes animées en le transformant dans une anarchie faisant apparaître des difformités. On nous dit : « c'est pour votre propre bien, votre confort matériel et votre bonheur, afin de jouir d'un confort relatif vis-à-vis de nos ancêtres ». Nous serons bientôt neuf milliards d'âmes sur cette Terre et c'est ce qui permet à nos dirigeants de prendre de telles décisions en toute conscience. Nous apprécions un tel discours qui cherche à dédouaner nos décideurs et nous culpabiliser d'être si nombreux. Pourtant, la Terre peut accueillir un grand nombre de vies et cela réside aussi dans son respect, afin d'organiser la pérennité du monde.

Du fait de ces menaces, nous construisons un monde qui se révèle être fini. Jamais, lors de la marche des temps, une civilisation s'était retrouvée devant une telle terreur.

C'est encore un grand mystère, mais combien d'âmes refusent de s'incarner dans pareilles conditions ? Là réside l'interrogation car nous devons à l'humain conscient le droit d'exister et de s'exprimer hors de toutes menaces, terreurs et chantages organisés. En niant notre appartenance au monde de l'esprit, nous entrons dans des temps difficiles où tout réside dans l'inconscience. Aujourd'hui, il nous faut ignorer le grand sens commun du au respect de la vie et son prolongement pour des siècles et des siècles. Triste réalité des choses et des temps que de tomber dans l'esclavage des consciences. Car c'est bien une forme d'exploitation de l'homme par l'homme, encore une fois. L'individu condamnant l'avenir du monde de par ses technologies, ses développements de recherches inappropriés sur la vie dans sa grandeur même. Etres sans conscience, ni foi, ni loi, ils ont réussi à confisquer ce monde qui se libérait lentement de ses chaînes et prisons de l'ignorance. Ce fut encore dans le but de développer des intérêts pas très nobles que cela se mit en place. C'est au nom de la bassesse du monde et des intérêts mercantiles que ces condamnations furent installées sur cette Terre. Aujourd'hui, avec la mondialisation globale, nous sommes tous dépendants les uns des autres. Nos systèmes de pollution du globe sont actifs sur notre environnement terrestre général. Le développement du nucléaire, sous les formes d'armes de destruction massive, a désormais atteint toute la planète. Les relations d'interdépendance se sont mises en place depuis plusieurs décennies et elles font partie du panel sur qui les terreurs modernes s'établissent. Bref, nous appartenons à un monde où de grandes menaces planent sur lui. Nous fallait-il inventer cette phase pour sécuriser et faire avancer l'humanité ? Ce n'est pas si certain ! C'est pour cela, qu'il faudra, si ce n'est déjà fait, que le tribunal de l'histoire humaine siège et délibère sur ce sujet. Peut-être que notre humanité échappera aux conséquences du développement anarchique des sciences dangereuses et destructrices aux extrêmes Il est possible que l'autre dimension, l'autre monde introduise sans que nous en ayons conscience les paramètres neutralisant nos erreurs modernes. Prenons des exemples. Les menaces concernent l'utilisation des armes conventionnelles seront bientôt compromise par l'arrivée de boucliers magnétiques individuels empêchant toute pénétration d'un projectile. Une telle neutralisation sera bientôt rendue possible et elle viendra s'ajouter aux gilets pare-balle. Etc. Par contre, pour ce qui est de la protection d'un pays, s'il y avait un conflit nucléaire mondial, tout serait devenu obsolète.

Les destructions dues à l'atome désorganisé seraient conséquentes sur la vie même dans la profondeur existentielle. Les boucliers magnétiques globaux activés pour protéger un pays ne seraient pas assez performants afin de neutraliser ces actions avec leurs conséquences globales sur l'humanité. Tchernobyl nous l'a montré, car le nuage radioactif a épousé le support et la dynamique des nuages et des vents. Nous ne maîtrisons pas les éléments et nous subissons. Devant de telles menaces permanentes, si elles s'exécutent un jour, nous serons désemparés,stressés, perdus dans l'esprit et l'âme ,car nous avions cru pour une grande partie de l'humanité à la stabilité, la positivité,la bonheur de vivre,de contempler la vie même dans son immense variété. Pour neutraliser les actions et développements néfastes, malicieux de l'humain, l'autre dimension n'a pas, à première vue, beaucoup de moyens. Encore que ? Quand Dieu a libéré les peuples de l'esclavage, il a organisé la fuite d'Egypte où ils étaient tombés en aliénation, la mer Rouge s'est retirée et il a ouvert un chemin sur les fonds marins. La scène devait être grandiose et la force nécessaire à cet acte gigantesque vu à l'échelle humaine. En tout cas, Dieu peut contrer nos développements anarchiques dangereux et surtout désordonnés. Il lui suffit de toucher à certains points clés que nous ne connaissons pas. Certains s'esclameront que depuis que nous avons trouvé les formules d'assemblage de l'atome et en avons fait des armes de terreur, Dieu a fui les hommes, les abandonnant à leur destin plein de fébrilité et d'insouciance. Peut-il en être ainsi ? Je ne le crois pas qu'il nous ait abandonnés à notre sort. Par contre, on pourrait dire que notre monde,s'est appauvri dans le sens des richesses de l'univers naturel exubérant en biodiversité et en dynamique.

Issu du milieu rural, j'ai constaté, dans ma prime jeunesse, que la nature était plus exubérante et affirmée qu'aujourd'hui. Je m'explique : Il faut comprendre le monde de la nature avec son expression selon une dynamique. Dans les années 1950, elle était très vivifiante et la biodiversité riche et active. Il est vrai que les hommes ne savaient pas encore toucher aux systèmes moléculaires. Les forces régnantes et actives étaient celles de la biologie terrestre dans sa plénitude. Puis, progressivement, imperceptiblement, mais sensiblement pour l'observateur, des forces de régression sur la biodiversité se mirent en route. Les dynamiques des espèces naturelles animales et végétales commençaient à se simplifier et nous commencions à perdre des variétés végétales et animales ou d'insectes. Tout l'ensemble avait enclenché la régression du système de vies organisées dans les formes et les dynamiques régnantes. Toutes ces constatations étaient pratiquement contenues dans un monde invisible, mais dont le ressenti de son existence se répercutait inexorablement sur les hommes. On aurait dit que la vie et la nature devenaient si pudiques, si effacée, si retirée que ces forces essentielles disparaissaient progressivement. Je constatai cette chose et je me posai la question de savoir si cette fuite de la vie elle-même n'était pas due à ce qui venait de se passer dans le monde avec le second conflit mondial. Dans les profondeurs de la vie du monde de la nature, il y a une forme de mémoire et d'intelligence globale que nous avons du mal à analyser. En se retirant, ces forces nous condamnaient à la pénibilité de vivre dans un schéma très simplifié.

L'autre question qui me vint à l'esprit était que nous aurions pu être exploités en cette matière par des civilisations extra-terrestres ayant analysé concrètement, avant nous, les profondeurs de nos systèmes de vie. Ces extra terrestres nous spolieraient du potentiel global de vie en le prélevant à sa source et le transféreraient dans leur monde pour leur bonheur de vivre et d'exister. Il s'agirait donc d'une exploitation cachée à nos yeux, mais active dans ses profondeurs. Mon raisonnement ne tenait pas debout. Encore qu'en la matière la réalité rejoint parfois la science fiction. Une autre hypothèse réside dans une intervention divine pour punir l'homme de ses bassesses et son comportement. Il nous aurait retiré une partie de notre potentiel force de vie, car il savait que nous allions le menacer constamment avec nos trouvailles. Ainsi, il nous donnait juste ce que nous avions et aurions besoin. Tout ceci pour nous punir de l'offense que nous lui avons faites lors de la dernière guerre avec l'extermination programmée de son peuple aimé. La connaissance que j'ai de Dieu ne me permet pas d'affirmer une telle hypothèse car il est l'amour et la bonté. Donc, nous réduire le potentiel de vie de la planète Terre me paraît peu plausible. En tout cas, il s'est bien passé quelque chose de très fin et subtil sur notre planète pour que le schéma du vivant soit simplifié et amoindri.

Les hommes et leur progrès avec les sciences désordonnées ne sont pas les seuls responsables. Au point de vue planétaire, galactique, des réajustements ont pu peut-être avoir lieu, sans que nous ne nous en rendions compte. Les forces universelles et cosmiques nous auraientelles fui car notre sauvagerie, notre méchanceté organisée, notre haine, notre manque de respect pour la vie avaient été marquants. Elles ont pu nous priver d'une des forces du vivant investie sur la Terre. Nous n'y avons vu et n'y voyons rien car ces dynamiques nous sont dissimulées face à la connaissance et la compréhension. La seule chose qui apparaît en constat fiable et structuré, c'est l'appauvrissement continu biologique de notre planète.

De Jardin d'Eden, cela va vite se transformer en grisaille quotidienne dans un schéma du vivant des plus simplifiés. En somme, nous serions manoeuvrés et exploités Difficile de le dire, mais est-ce que les capacités de l'homo sapiens sont telles qu'il pourrait enclencher pareil processus. Je dis non et il est bien évident que nous ne savons sur les profondeurs, l'organisation du vivant. Nous savons que le nucléaire et son atome vont visiter et influer sur l'infiniment petit et la mémoire des formes. Nous ne nous en doutions pas, mais c'est une profonde réalité qui fait que de la structuration positive, bienfaisante, ordonnée, nous passons aux dangers de la déstructuration des forces et au-delà de vie organisées dans la forme et la fonctionnalité. Sale science en la matière, mais certains vous diront qu'elle est la plus propre de ce qui existe : même un Ministre en place l'affirme !

Bien sûr qu'à première vue tout paraît propre par rapport aux énergies fossiles, mais l'effet est plus redoutable et destructeur. Ce sont des forces de l'anti-vie mises en place et qui s'activent dans infiniment petit. Là, où il ne nous est pas permis d'aller et de connaître les subtilités de l'organisation.

Nous devrions, quand même, faire plus attention avec nos progrès et leurs applications. Nous épuisons, par exploitation fébrile et déraisonnée les forces et les matières du vivant présents sur Terre. Nous encourageons, par nos sciences et leurs applications les forces de l'anti-vie. Nous sommes des innocents aux mains pleines. Le plus dur à admettre, en toute conscience, c'est cette destruction progressive de la vie dans une dimension dont nous n'avons que très peu accès et dont nous ne comprenons pas les rouages du mécanisme. Forces de la vie contre celles de l'anti-vie, voila nommé ce combat titanesque qui se déroule en parallèle de nos propres existences.

Pour passer à une autre composante formant l'épée de Damoclès qui est au dessus de nos têtes, il s'agit des recherches sur le monde virale et bactériologique. Là encore, ce sont les activations de forces de l'anti-vie qui s'aident d'éléments de la biologie terrestre et destructeurs. Les bactéries et les virus sont les premiers éléments du vivant qui sont apparus sur Terre, dans les premiers temps et qui présentent le caractère d'être unicellulaire. Ce sont des formes de vie primaire qui peuvent détruire facilement en s'en prenant à notre fonctionnement biologique complexe intérieur ou en attaquant une matière essentielle des composants de notre corps structuré. Travailler dans la recherche, en laboratoire, pour trouver des formes de virus et bactéries afin de tuer une majorité d'humains est le travail de gens sans conscience, ni âme. Passer son temps et sa vie à activer les forces de l'anti-vie est aberrant et fondalement opposé aux raisonnements de la positivité. Désormais, les services de recherche en stratégies militaires deviennent dangereux et ils flirtent avec les systèmes de destruction et de déstructuration du monde vivant. Encore là, nous sommes dans le monde de la terreur qui plane et il fait dorénavant partie de notre vécu journalier. Lamentable et inquiétant ! Nous sommes dirigés par des hommes pragmatiques et souvent n'aimant pas assez leur prochain pour leur éviter les systèmes de terreur. Ils craignent qu'un autre pays développe pareille stratégie et il s'ensuit une course effrénée à la possession d'armes de destruction appelées massive. C'est un raisonnement sans conscience et primaire qui introduit la course et la sophistication de toutes ces techniques et technologies destructives.

Pour être libre, il faut sauver notre propre liberté face à l'autre, celui qui a envie de nous agresser et nous réduire en esclavage par un despotisme ambiant. Bref, une dynamique à la destruction des plus importantes est en marche et tels des enfants se menaçant dans leurs jeux innocents pour la dominance, les adultes ont le même comportement, mais dans une autre dimension et tout cela devient une monstruosité ambiante. Afin de vivre notre présent sereinement et construire le futur, le dessiner pour les prochaines générations, nous nous devons de définir un monde situé dans le pérenne. Ces menaces remettent en cause nos propres existences et elles rendent futiles le seul fait d'exister aux yeux de ces humains là, décidés à terroriser et prendre en otage le monde entier.

Ce sont des âmes qui se heurtent à notre Créateur dans le beau et le bon qu'il a crée pour nous dans un élan d'amour immense et puissant. Ces esprits seront à tout jamais rejetés des sphères des mondes spirituels, car la faute est trop grave et importante pour être pardonnée. Détruire ou s'activer pour réduire le monde à néant est encore plus sophistiqué et mentalement pervers qu'un pêché mortel comme le nomme l'église. Je pense que Dieu les laissera s'endormir dans le néant à leur mort et il les oubliera lors des incarnations futures des esprits dans les mondes. Ce sont des êtres qui n'ont plus ou n'appréhendent plus la lumière divine et ses bienfaits positifs et ordonnés. Comme ce sont souvent des individus dominants dans la société que nous construisons , nous en sommes réduits à l'obéissance à ces âmes méchantes,cruelles, dominatrices et d'une totale détermination sans foi, ni loi.

Certains me diront : » Mais c'est pour l'équilibre de l'humanité car en installant la terreur et la peur nous obtenons une paix relative, parfois durable. Pour ma par, je fustige cette philosophie qui se nomme la contrainte par la peur. Je sais que les adultes emploient parfois de pareilles méthodes avec l'éducation des enfants et adolescents. Mais, tout ceci est très contradictoire car on peut concevoir une éducation sur la confiance et l'amour entre les êtres, quel que soit leur âge. Un enfant est souvent relié à ses parents par les sentiments forts et puissants de l'amour. Il doit recevoir, en retour, des adultes leur confiance et non une terreur organisée dans la peur. Tout ceci fait partie du panel des philosophies d'éducation. Frapper un enfant ou un adolescent pour le contraindre est une chose qui arrive encore trop souvent et elle fait partie de l'héritage humain.issu du passé. L'être humain doit posséder une peur de quelque chose pour bien se conduire ? Tout ceci débouche sur un énorme chantage terrorisant les âmes sensibles, douces et aimantes. Aussi, en oubliant l'amour entre les êtres, nous plongeons notre société et notre monde dans l'éphémère et le périssable. Mais, cela à l'air de nous plaire car je n'entends pas beaucoup de voix s'élever du fond des consciences. Nous plaisons-nous dans cette ambiance glaciale de destruction menaçante et organisée ? Il faut croire qu'actuellement le niveau spirituel global de l'humanité terrestre ne mérite pas mieux que cet état là. Nous pouvons en être attristés du fond de nos esprits, et il va bien falloir redonner une dynamique positive, saine en relançant la machine stoppée des élévations spirituelles.

Le tribunal de l'humanité siégeant en permanence va avoir du pain sur la planche. Plus l'humanité vieillit et plus les orientations deviennent décisives pour l'avenir affirmé de l'homo sapiens. Sur ce point, j'aurais aimé dire : l'homo spiritualis, mais nous n'en sommes pas encore là !

Si nous enseignons dans les grandes écoles : l'histoire, la philosophie atteignant les analyses sur les comportements humains, nous crions dans le vide, car les synthèses ne se font plus. Elles ne se font plus, car nous sommes passés de l'analyse traitant l'humain en individuel, en esprit unique, identifié dans son concret socialement à une espèce de magma des consensus sociaux regroupés. Ce n'est plus la conscience unique, individuelle qui prédomine désormais, c'est la collective. Car à force de vouloir se socialiser, l'humain a fini par s'identifier au groupe. Je comprends cette nécessité, mais en tant qu'analyste sur l'âme humaine et son parcours, je suis interrogateur.

Dans la Bible et les instructions sur l'importance de l'âme, elle est décrite comme individuelle et toujours reliée à l'homme lui-même. Non pas aux groupes constitués. L'incarnation est un mouvement individuel d'assemblage d'un esprit et d'un corps. La mort s'individualise elle aussi, car elle atteint l'homme dans son unicité vivante. Il existe bien des morts en groupes, mais il n'est pas sûr que l'âme et l'esprit ne reprennent pas leur chemin et parcours individuel après leur séparation du corps physique. La question est importante et la réponse réside, je pense, dans le jugement qui va s'effectuer lors de l'arrivée au sein de l'autre monde. C'est une âme, une conscience individuelles qui sera accueillie et non pas un ensemble d'âmes faisant collusion au sein d'un groupe. Il y a donc bien individualisation de l'âme dans sa conception, sa conscience face à la vie organisée. Le phénomène que je relate est qu'actuellement, nous avons tendance, au lieu de rechercher l'analyses des consciences à titre individuel, à mettre en place une conscience collective plus puissante et plus affirmée qui prendra le relai de l'individuelle et la forcera à s'effacer. Il peut y avoir du bon, mais regardons quand même ce que ce magma des consciences, des esprits et des âmes peut engendrer. Il peut nous définir et nous orienter vers le positif de la société en marche dans la souplesse et la douceur aseptisées des pensées instructives. C'est là très acceptable. Mais, n'oublions pas aussi qui dit magma, dit mélange et transformation des éléments. Au regard de nos âmes, les interférences sont importantes, parfois trop importantes et les caractères forts finissent toujours par définir les stratégies. Nos âmes dociles, douces, frileuses s'y blottissent et elles acceptent les décisions du groupe, sans avoir à se poser les questions existentielles : -Est-ce bien ou est-ce mal ? la décision du groupe l'emporte et l'âme indiduelle n'a qu'à s'effacer.Elle va donc subir et être entraînée à contre-courant de sa propre valeur. Il se peut que le groupe fonctionne très bien dans la sagesse, l'honnêteté, la morale. Alors, tout est bien dans le meilleur des mondes. La réalité est bien souvent tout autre. Le groupe devient souvent offensif dans son comportement vis-à-vis des autres formations sociétales et pour ce faire ne développe pas ou peu d'éthique en matière respectueuse de ses serviteurs et membres. Il n'a que faire des états d'âme et des consciences. Il définit quelle sera sa stratégie, alors individuellement nous devons nous soumettre ou nous démettre. Il existe une autre position que l'humain emprunte souvent pour éviter de heurter les dirigeants des groupes ou les éléments participant favorablement à l'avancée : c'est la démagogie ! C'est-àdire, l'élément ou notre âme laisse sa sincérité, son authenticité de côté, pour prendre une décision ou position neutre, ne contredisant pas celle du groupe. Elle devient donc passive et subissant. C'est ainsi que la société avance et se forge, en entrainant à chaque seconde, chaque minute, chaque heure, chaque jour, des esprits vers des zones troubles, aseptisées où l'éthique et la morale des avancées civilisatrices sont écartées. Bref, les groupes constitués prennent des décisions qui sont parfois très contradictoires avec les avancées humaines et sociales. La majorité des éléments se trouvant au sein de ce contexte ne s'en émeuvent pas et ils finissent par en accepter l'orientation. Ils n'ont plus la libre détermination individuelle et ils l'ont perdu en adhérent au groupe constitué.

C'est pour cela que bien souvent notre monde cahote et s'éloigne de l'univers spirituel composé des âmes. Rien à faire, tout est sur les rails, et même les autres formes de pensées et d'analyses philosophiques existentielles ne peuvent et ne valent plus rien dans l'expression face à cet ensemble structuré. Tout n'est pas catastrophique, loin de là, mais nous avons vu quel monde incertain nous dessinions. Au regard de notre Créateur, il n'est pas bon car il ne respecte plus rien et est offensatoire dans sa dynamique niant les évidences du vivant. En repoussant de plus en plus l'existence de l'âme et son parcours spirituel obligatoire. Les hommes ne veulent plus d'autres absolus qu'eux-mêmes dans la libre détermination. Pourtant, il est sain et sage de croire qu'une force plus affirmée, plus fine, plus spirituelle, plus sensible, plus aimante, plus miséricordieuse existe. Tout est organisé pour que l'homme ne s'y rallie plus. Ce même individu n'a plus le droit à l'élévation de son âme et de son esprit, le groupe organisé le lui confisque.

Mais, c'est bien l'âme individuelle qui va être jugée ! Il va falloir, dans la subtilité du jugement, que soit ressorti qui est de sa propre responsabilité et qui devient celle du groupe organisé. Il faut extirper tous ces éléments de ce magma et cela me semble ardu et complexe en difficultés analytiques. Il arrive que le groupe entier se dévoie au sein des sociétés et devienne pervers, malhonnête, incitateur aux vices organisés. L'élément lui, n'a pas d'autres possibilité que de suivre l'ensemble dans sa philosophie agissante. Il y entraîne son âme. Lors du jugement de celle-ci, il sera tenu compte de cette impossibilité de réagir et il faudra décortiquer tout le groupe. De plus en plus, la conscience collective l'emporte et s'impose sur l'individuelle, la mettant bien souvent devant ce que nous appelons : le fait accompli.

C'est donc au tribunal de l'histoire de l'humanité et du vécu des âmes de définir sa stratégie d'analyse. Cette évolution peut remettre en cause beaucoup de nos à prioris en la matière. Mais, je n'en doute pas, l'autre monde et sa dimension ont appréhendé notre système dans leurs analyses fines rejoignant les forces vives et libres de l'esprit. Nous devons faire très attention à nos orientations et comportements collectifs pour qu'ils n'aliènent pas la conscience individuelle. Je pense que cela n'est pas permis et nous entraîne vers des lendemains chaotiques.

Certes, l'individualisme n'est pas une bonne chose en soi, mais l'expression de la conscience une et indivisible à l'homme est primordiale. Nous devons trouver un consensus qui nous permette de satisfaire les deux mouvements. Nous pouvons dire que si le monde s'oriente vers des technologies de terreur niant notre lendemain et si nous ne croyons plus aux réalités spirituelles de l'âme, nous construisons un monde égoïste, prédateur à la recherche d'un bonheur dans le jouissif existentiel immédiat. Ces comportements d'âmes collectives sont très puissants dans leur structuration et entraîne notre vécu vers un présent unique. Ils en réduisent sensiblement, voire totalement, la dimension qui ouvre notre construction de demain. N'y aurait-il pas de demain ou de futur à l'humanité et à notre monde que dans une philosophie de prédation et dans la jouissance de toutes choses matérielles ?

24. LES TEXTES SACRES. NOUS AVONS OUVERT UN MONDE !

Au tout début, il y eu la Genèse et ses affirmations sur la création. Ces textes reflètent bien la réalité d'un monde crée dans toute sa grandeur, sa beauté, son accueil grandiose pour nous les hommes. Une planète transformée et accueillante pour y exprimer la vie sous beaucoup de facettes. Y sont décrites les évolutions de l'humanité et la place de l'humain avec tout ce qui est bon pour lui et son avenir spirituel. Qu'en avons-nous retenu ? Eh bien, pas grand-chose au regard des constatations que nous faisons se nos avancées civilisatrices. Notre comportement est plus près de la prédation que d'une autre analyse. En grande majorité, les humains ne croient pas à une Création et par ce biais à notre Père commun. Dans le fond de leurs pensées, ils analysent le monde comme issu du hasard ; de la coïncidence des choses de la matière. Du chaos et du néant, nous serions passés au monde structuré et ordonné pour que la vie émerge dans sa sublimité. Ainsi, avec cette idée philosophique régnante, l'humain se forge son propre destin comme si, ici-bas, il était devenu maître tout puissant de tous les éléments assemblés.

Puis, il y eu la Bible et son analyse profonde de l'humanité en développement. Elle aussi est grandement réfutée par l'espèce homo sapiens. Pourtant, elle porte en elle un regard sur ce que nos comportements individuels et collectifs devraient être. Certains peuples s'en inspirent, tels les américains, qui lors du serment de leur Président élu, lui font jurer sur la bible, sa fidélité à la constitution. Ce n'est pas le cas en France, car le français est fier et indépendant. Il a séparé l'idée de l'existence de Dieu et celle de la République. Le président ne prête pas serment sur la Bible. Il considère son pouvoir bien au-delà de ces textes car une conscience absolue régnante est gênante pour une administration assoiffée de pouvoir absolu. Mais que l'homme existe en groupes sociaux et organisés n'est pas du même esprit que quand il se retrouve seul, face à lui-même. Là, il médite et s'interroge plus profondément sur la réalité des choses et des comportements. Il retrouve sa conscience individuelle qui l'appelle du fond de sa demeure et l'assaille d'interrogations. Il faut bien différencier les comportements humains face à la société organisée et structurée. Simplement qu'en niant, l'existence des textes et de Dieu lui-même, l'homme se construit, peu à peu un monde souverain, d'un absolu fixé dans le péremptoire. Il n'admet plus d'idée d'une conscience plus développée, plus fine, plus éthérée et plus subtile spirituellement au sommet des valeurs et graduations établies de ce monde.

Un jour, dans le cabinet d'un médecin, je vis un tableau représentant la création du monde et un Dieu vivant. En fait, se côtoyaient deux énormes planètes et Dieu tenait l'homme par un doigt et celui-ci se libérait pour voguer sur cette planète. Il s'éloignât peu à peu de son monde originel. N'avait-il pas moyen d'éviter que cette planète La Terre s'en alla seule et très loin de son maintien avec les créatures ? Existaient-ils d'autres moyens de ne pas séparer si grandement ces mondes. La question qui se pose est grave et lancinante pour notre âme.

Dieu avait-il abandonné l'homme à son propre destin, sans d'autre forme que son ralliement par les forces de l'esprit fortifiées par la prière, la méditation, la contemplation, la sagesse. Il est venu nous apporter la table des lois, ce qui était en soi un signe que pour le Créateur cette séparation était volontaire et nécessaire. Ainsi, il nous transmit les instructions essentielles à l'évolution de nos civilisations et de notre espèce. Cette transmission se fit par des forces inconnues sur Terre qui gravèrent à tout jamais une roche comme les forces puissantes du laser. Puis, il y eu l'Arche d'Alliance qui dans son grand sens indiqua à l'homme qu'il était aimé de son créateur et qu'un lien indéfectible existait bien, même si nos mondes étaient séparés par les distances et les temps. Nous humains, nous ne pouvons pas manoeuvrer les temps et il nous faut espérer dans la mansuétude de notre Père pour que nous nous rapprochions de lui. Certains diront : « C'était peut-être la manifestation d'une civilisation très avancée, alors entrée en contact avec la nôtre et son aide morale et spirituelle ».ainsi, ce serait nos frères des espaces intergalactiques qui ayant réussi à vaincre et résoudre tous les problèmes dus aux avancées de civilisations, auraient pu nous contacter pour nous aider à évoluer. Je ne pense pas à cette possibilité, car je crois qu'il s'agit de Dieu luimême Créateur de toute chose et de l'Univers.

Le raisonnement pourtant qui interfère, c'est Ezékiel parti dans un autre monde à bord d'un engin ressemblant étrangement à un vaisseau spatial. Là se situe bien une interrogation sur nos contacts et leur réalité existentielles.

Sagissait-il d'une civilisation très élevée spirituellement qui a voulu nous prendre sous son aile protectrice ? Il est permis de le croire. Mais, pourquoi, au fil du temps, elle n'a pas affirmé sa présence à nos côtés ?

Peut-être ont-ils progressé pour franchir les portes de l'immatériel et ainsi abandonner une forme de monde plus dure et contraignante dans la consistance. Est-ce également l'aboutissement de toutes les civilisations ? Nous diriger inconsciemment vers ces portes où la matière et les temps s'effacent et où l'autre monde s'ouvre plus grandement à nos compréhensions et nos esprits.

Faut-il que nous vainquions la matière pour nous plonger dans des dimensions de l'immatériel ?

L'immatériel et ses mondes comprend lui aussi d'innombrables facettes et ce n'est peut-être pas la bonne voie d'évolution de nos civilisations. L'âme et l'esprit, en pénétrant dans un tel monde y trouveraient une forme de stabilité et ils vibreraient avec cet ensemble plus ordonné pour eux. Mais, autre grande interrogation : « Faut-il la matière pour que notre âme puisse s'éprouver et évoluer ? Il semble bien que oui et c'est à son contact que les niveaux spirituels se consolident et s'affirment.

La libération de la pesanteur matériel serait certes une délivrance, mais pourrait aliéner notre évolution nécessaire, ici-bas, pour notre spiritualité. Bien sûr, nos corps sont pesants et ils ont leurs obligations existentielles. Ils affirment le monde de la matière avec les plaisirs de la chair. Ils sont dans leur règne et ils y exultent. Notre passage sur Terre serait-il dû à un accident de parcours ayant ouvert une fenêtre sur un monde ? Peut-être ! Il est vrai qu'au tout début des temps, l'homme créé n'avait pas touché au sexe ou n'avait pas eu d'attirance pour cette partie de son anatomie.il n'avait pas engendré, par le rapport sexuel, la multiplication de la vie. Le monde que nous avons ouvert comme la fenêtre de l'ordinateur, n'aurait pas existé sans cela. Tout se serait figé et l'ordre matériel aurait été différent, car il n'aurait pas eu cette emprise que nous lui connaissons.

Alors, fallait-il ouvrir ce monde et est-ce de notre responsabilité de l'avoir provoqué ? Je crois que quand l'homme fut chassé du Jardin d'Eden par Dieu, pour avoir désobéit, il s'agit de connaître quelle était cette désobissance ? Bien évidemment, nous avons transformé la chose en indiquant que nous aurions goûté au fruit défendu, c'est à dire la pomme. En fait de pomme, personnellement je crois, qu'il s'agit du sexe et tout s'éclaire en beaucoup de point. En ayant eu des relations très intimes, Adam et Eve entraînaient un autre monde à s'ouvrir et à exister. Ils le créaient en soi, en définissant un sens à la multiplication ; Précédemment, il est bien dit que l'homme en ces lieux n'avait pas conscience de sa nudité et donc par conséquent n'était pas attiré par le sexe. Que s'est-il passé pour en arriver à perdre cette ignorance et inconscience pudique reliée à notre corps ? L'homme et la femme portaient-ils déjà en eux toutes les possibilités d'ouvrir un autre monde par la multiplication ? Il faut le croire.Donc Dieu nous a bien créé, au tout début, dans l'état que nous sommes aujourd'hui, sauf que notre conscience était différente et peut-être peu éveillée. Pourquoi n'avons-nous pas été doté immédiatement d'une grande conscience avec toutes les informations nécessaires pour ne pas ouvrir une autre fenêtre et donc un monde ? Il y eu bien l'influence de la tentation ! Parce que nous étions très soumis à notre Créateur et notre conscience ne s'était que trop peu développée. Bref, c'en est ainsi, et la fenêtre s'est ouverte créant une dynamique. Un multiplié par un, puis 1 puissance 2, etc., sans cesse et sans fin, jusqu'à la fermeture de la fenêtre ou la fin du monde matériel. Donc, en soi, nous serions tous responsables de ce qui se passe ? Probablement et nous avons aussi sophistiqué notre monde car il est devenu plus complexe. Le monde de la Nature nous a accueilli et aussi, il nous a pris en charge et il accompagne nos destinées. Ce sexe qui ne nous était plus interdit et dont nous avions conscience, pouvait devenir attractif avec le plaisir des sens. Ce fut fait et l'espèce homo sapiens obtient un plaisir à procréer. Tout s'est affirmé dans la matière et la chair et ses exigences sont devenues prépondérantes. Mais faut-il voir les choses ainsi ? Ce n'est pas sûr et pour notre mental, notre intellect, notre esprit et notre âme nous devons nous élever spirituellement. C'est-à-dire faire en sorte que nous élevions nos analyses quotidiennes de nos comportements corporels et mentaux aux sommets des possibilités. Il s'agit certainement du prix à payer pour maintenir notre propre univers à flot. Ici, nous n'avons plus de choix sur la qualité de nos civilisations, de nos sociétés, car nous en dépendons grandement. Sinon, nous allons atteindre une apogée civilisatrice, puis une régression constante en des niveaux primaires. Rien à faire, nous ne pourrons échapper à cette dynamique, surtout que nous réfutons l'existence de l'autre monde.

Puis, si nous n'avions pas provoqué l'ouverture de cette fenêtre, quel aurait été notre destin ? A n'en pas douter, nous ne nous serions très peu éloigné de notre Père Spirituel et nous aurions bénéficié de conditions de vie d'une qualité sans égale. Mais, était-ce plus dans l'ordre des choses que ne nous émancipions pas ? Je ne le crois pas car comme l'adolescent quitte un jour ses parents, il nous a fallu quitter notre Père Créateur ,pour nous affirmer,découvrir et jouir d'une liberté ,d'une conscience élevée ,que nous ne soupçonnions peut-être pas. L'histoire humaine s'est inscrite ainsi face à l'universalité organisée. Dieu, dans sa grandeur et son immense amour nous a permis quand même de revenir vers lui. Le prix à payer est abandonner notre corps de chair et désormais nous existons en deux parties : une âme et l'esprit et l'autre le corps physique. C'est cet assemblage ou cette dislocation qui permettent à Dieu de rester à nos côtés, sans pénétrer notre monde matériel. Les âmes sont incarnées à chaque naissance, à chaque vie nouvelle et elles s'expriment au sein des créatures et notamment de l'homme. Depuis, le début des temps, il a fallu partager l'âme régnante en plusieurs et multiples facettes pour répondre à cette ouverture d'un nouveau monde. Est-ce la même âme originelle, qui en se scindant, en se fractionnant à chaque naissance, accepte ce partage sans cesse remanié, ou sont-ce de multiples âmes créées par Dieu ? Le mystère reste entier !

Ainsi, pour séparer l'âme du corps il a fallu inventer la mort, laquelle reprend le corps physique et libère l'âme. Elle n'a pas de pouvoir sur l'esprit et il est libre. Alors, que fait notre âme libérée ?

Eh bien, elle repart immédiatement rejoindre son identité originelle et mère à partir de la quelle elle avait été séparée. Elle fusionne avec ses origines et son lieu de résidence se situe près de Dieu. Quand elle revient au sein de son monde, elle peut atteindre un bonheur sublime, subtil, c'est-à-dire l'état supérieur des béatitudes.

Mais, au juste, si nous n'avions pas ouvert cette fenêtre sur ce monde, nous ne connaitrions peut-être pas la mort ? On peut le penser qu'elle est le prix à payer pour garder l'âme près de son Créateur dans un esprit conscient et éveillé. Vous allez me dire : « Et si ce scénario était encore plus simple ? »

L'homme étant issu d'une évolution biologique multicellulaire est arrivé sur Terre par le plus grand des hasards. Cette force, que nous appelons la Nature, qui règne en maître, lui a donné naturellement les possibilités de se reproduire.Pour que cela s'accomplisse, elle a inventé le plaisir des sens.

Alors, cette force invisible, dès la fin de sa puberté le pousse à s'unir à sa moitié qu'est la femme. De cet acte né la multiplication et ainsi, la grande dynamique est lancée. La vie se déroule en assemblages sociétaux disparates suivant les circonstances. La mort ou disparition complète conclut le cycle. L'existence pensante, réfléchie, voire consciente s'efface et s'évanouit dans le néant avec la dissolution de la matière. La vie serait accidentelle et fortuite et tout se résoudrait à un mouvement dynamique lancé par l'acte sexuel dans sa consommation. Il n'y aurait pas d'autre chose à ajouter et la fenêtre qui s'était ouverte se refermerait très vite pour que tout se recycle et s'assemble différemment et ainsi de suite. La conscience et son éveil ne seraient que les conséquences de cette puissante dynamique en marche. Audelà, rien n'existerait, sauf ce que nous appelons le chaos et le néant, car nous voulons voir toute chose ordonnée et logique. L'ordre et la logique ne font pas partie des choses du monde. Nous le voyons ainsi, mais notre mental nous joue des tours à sa façon. Et si ce que nous voyons avec nos yeux sur les formes, les paysages, les objets étaient une réalité très subjective des choses créées par notre nature même biologique ? Il se peut qu'elle ne soit pas la totale réalité ambiante matérialisée qui nous entoure, mais un aperçu très succinct ou déformé de notre environnement. A partir de nos yeux, nous imaginons le monde, les choses, mais ceux-ci sont d'origine constructive de notre biologie ambiante. Pouvons-nous avoir confiance dans leur appréhension visuelle et mentale ? Je pense que oui, car si la Nature a inventé l'oeil, c'est qu'elle voit plus grandement que nous et rien ne lui échappe.

Je vais vous expliquer une de mes constatations. Gravement malade, je m'acheminais vers une fin certaine et de jour en jour, mes yeux me donnaient des réalités avec des images très contrastées. Je vis les objets s'éloigner et entre moi et eux, un brouillard s'établissait comme une brume épaisse et opaque. Au début, cette brume était légère et n'altérait pas mes perceptions, mais progressivement elle s'épaissit et quand je croyais saisir un objet, il n'était pas situé là où je le pensais, mais bien au-delà. Ou plus près. Donc, je compris vite que l'image qui me parvenait et dont je prenais conscience était déformée par mon état physique. La réalité serait donc liée à notre appréhension propre des choses matérielles. Il se peut, comme nous le voyons, que ce que nous analysons comme sûr et véritable soit finalement plus malléable dans la matérialisation et la forme induite. Certains peuples ont pour l'image une méfiance car ils pensent qu'elle peut subir des variations et manipulations. Ceci nous fait dire que la vérité de toute chose,que ce soit des formes, de la matière etc. est peut-être très différente de ce que nous en appréhendons. Nous essayons d'être réalistes et très concrets, voire pragmatiques, mais rien n'y fait si l'essentiel nous est dissimulé.

En ouvrant cette fenêtre, comme nous l'avons vu, nous matérialisions une facette de l'existant, mais en même temps de l'abstrait. A savoir, qu'elle était la part de l'un par rapport à l'autre ?

25. EXISTE-T-IL UNE PREDESTINATION A S'AFFIRMER VERS LE FEMININ OU LE MASCULIN ?

Le sexe et le genre se définissent scientifiquement par les chromosomes et après la fécondation de l'ovule, l'issue se dessine. Tout semble-t-il déterminé d'avance ? Je ne le crois pas et ce foetus ou embryon va être l'assemblage d'un corps fait de chair et d'une âme provenant du plus loin et des profondeurs métaphysiques que nous l'imaginions. Cet être en gestation prend soudain sa conscience du monde et des choses qui feront son environnement et le prédestineront dans son avenir. Rien n'est donc acquis et les sensibilités de l'âme s'incarnant vont y exercer une influence déterminative pour son avenir. J'ai remarqué que les incarnations se font par vagues successives. Elles étaient reliées (ces âmes) dans l'au-delà par la sensibilité des sentiments. Je crois à la communion des âmes de mêmes affinités. C'est un état puissant accédant aux félicités éternelles. Pour s'incarner, elles se séparent et prennent des voies différentes. Notre Créateur a également laissé à la Nature profonde une part de fonction au sein de cette formation. Celle-ci y instille quelques doses dont, elle seule, à le secret, comme la virilité, la fertilité et le puissant désir de se multiplier, ainsi que divers sentiments.

Toutes ces âmes s'incarnant sont donc individualisées pour procéder à cette oeuvre, construire et affiner un être possédant, incluant la vie en lui. Rien ne définit encore le genre et c'est dans le secret de l'ancrage de ces informations que le petit être va se former pour aller vers la féminité ou la masculinité. Le travail est lent et très progressif et il s'active dans l'être jusque dans son adolescence. Mais, déjà, avant la naissance, notre âme ressent cette séparation avec ses semblables et n'a de cesse que de les rechercher dans ce jeu de cache-cache. Dieu et la Nature, eux, savent que sera l'être qui se forme. Si c'est un garçon, le potentiel des sentiments portés sera légèrement différent. Les sensibilités de la vie seront moins fines que pour la féminité. Par contre, il lui sera donné la force physique et souvent un goût pour la domination et le pouvoir sur les choses et les êtres. L'orientation vers la féminité aura une conception dans un sens plus fin et éthéré. La femme se devant de multiplier l'espèce, accueillir l'enfant et le soutenir psychiquement. Elle est dotée de sentiments maternels émergeant dans un amour doux, protecteur, accueillant. Elle est donc instruite avec tous les égards dus à sa future fonction. Elle bénéficie dans la formation de ses formes de caractères reliés à la grâce. Cette grâce qui rejoint la finesse et la beauté des formes créés. La féminité est de loin un état possédant plus de caractéristiques que la masculinité. L'homme est fait pour tomber en admiration et en extase devant la femme conçue dans la beauté et la grâce. Cette femme développe, avec sa période d'adolescence, la mise en valeur de ce potentiel pour que l'homme soit attiré et finalement la féconde et que cette procréation, tant désirée par Dame Nature, ait bien lieu. Les ingrédients instillés lors de la formation de l'embryon vont s'exprimer et la masculinité ne peut résister à cet appel. Telle la fleur attire le papillon pour qu'il butine et ainsi il va féconder les autres fleurs et leurs ovaires, la femme lance son appel vers l'homme qui le reçoit pleinement. Nous ne pouvons pas lutter contre de telles forces qui dominent nos vies très souvent et en inventant le plaisir des sens, elles récompensent les êtres pour leur participation à ce grand dessein. Quelle est la part de Dieu et que laisse-t-il comme largeur fonctionnelle à la Nature, en ce domaine ? Cela reste un mystère ! Le système fonctionne, nous le savons, le connaissons, le subissons parfois, mais il nous laisse interrogateurs. Le dosage de ces fonctions, des sentiments contenus est très variable avec les individus et c'est pour cela qu'il y a des dérapages, car ces forces s'expriment parfois dans un caractère bestial et péremptoire. Les sentiments d'amour prédominent, mais ce n'est pas toujours une réalité et des individus sont bousculés et deviennent subjugués par de telles forces. Ils commettent des actes que les lois humaines répriment tels les viols. L'homme est-il responsable de ses agissements excessifs ? Oui, dans le sens où la chair doit être dominée par l'esprit et n'a pas à exulter ses exigences dans le péremptoire. C'est bien l'homme qui dans un élan d'amour déflore la femme et la féconde. C'est une sorte de jeu bizarre alliant plus un sens primaire des agissements reliés aux forces naturelles. La Nature n'est pas Dieu et nous devons la respecter pour ce qu'elle nous apporte, nous donne pour la vie de chaque jour. Nous devons profondément analyser ses possibilités et capacités de nous entraîner vers une société de l'inconscience, faites parfois de sauvagerie et d'irrévérences. La Nature emploie bien des stratagèmes et celui de nous mettre à sa propre hauteur pour arriver à ses fins en est un. Est-elle une force brute, intelligente et parfois réfléchie ? On peut parfois le croire, mais elle s'apprivoise par l'esprit et son élévation spirituelle.

La féminité qui a obtenu beaucoup d'atouts pour son état, ne peut céder à cette nature et subir ses outrages par sa seule volonté. A ce titre, nous relevons que dans les temps anciens, l'homme se définissait comme un admirateur du phallus. Ce qui était relié à l'anatomie intime de l'homme. C'était une glorification de l'érection mâle, cette fonction qui permet l'union des corps entre le masculin et le féminin. Nous pouvons analyser cet acte comme un rapport entre des forces en présence. A certains moments de notre histoire, l'homme avec sa force physique imposait l'acte à la femme qui se soumettait en étant atteinte dans son corps et sa chair et parfois dans son âme. Analysée sans détours, cette fonction ressemblait à une sorte de bestialité pour qu'en finalité l'espèce assure son avenir et exulte. La vie et la fécondation qui la précède sont issues de cet état qui entraîne réellement un rapport des forces en présence et fait de la femme une âme soumise. Bien évidemment, le tout se résout dans l'amour que se porte deux êtres, mais l'analyse profonde que l'on en fait philosophiquement constate bien un acte de violence non caractérisé , mais voulu et accepté par les deux parties en présence.

L'homo est désormais devenu sapiens ; donc moins choquant que le phallocrate. Il est vrai également, qu'en élevant trop nos consciences, et nous attacher à ce respect plus strict élevé et noble entre les êtres, il n'y aurait pas eu d'avenir à notre monde humain. C'est donc bien en des niveaux inférieurs qu'il faut analyser et réfléchir sur l'humanité et sa dynamique. Ces rapports de force entre les êtres, même s'ils sont accompagnés et enveloppés des sentiments nobles d'amour, apparaissent comme une manoeuvre pour se servir de l'espèce et la forcer à adhérer aux désirs d'une Nature puissante, formatrice, ayant compris bien avant nous où résidait le principal élément conduisant à faire émerger la vie.

Ne vous y trompez pas, je ne suis pas prude, ni une vierge effarouchée, mais quelqu'un qui essaie de cerner les choses et d'en définir le pourquoi avec un contour des dynamiques. Aujourd'hui, l'humain n'a pas beaucoup de retenues avec le sexe. Il en a fait un objet de plaisir et parfois un domaine marchand. La féminité et ses atouts sont utilisés par la publicité et l'image pour séduire C'est le masculin qui crée pareille utilisation à des fins misanthropiques, mercantiles et irrévérencieuses. Mais, au-delà de toutes ces analyses, nous sommes là et nos ascendants ont bien utilisé ces possibilités et cédé aux attraits de cette Nature puissante et dominatrice. Cela permettait d'ouvrir une fenêtre sur l'univers, la vie organisée et le monde. Dieu l'a voulu ainsi et nous devons nous soumettre. Peut-être avons-nous désobéit en touchant à ces fruits, peut être défendus, et créé nous même notre propre dynamique ! Rien ne l'affirme et rien ne l'infirme, alors il ne faut pas jeter la pierre au genre humain.

Le constat qui émerge de ceci est ainsi établi, mais il ne dit pas ce que nous aurions pu envisager pour ne pas subir pareilles forces et une telle orientation. Un monde formé d'androgyne serait d'une monotonie infinie, alors laissons le Créateur définir ce qui est bon pour l'homme. Faisons lui confiance, car il veut nous libérer des aliénations et n'a pas l'intention de nous construire une prison remplie d'humiliations.

Dans la profondeur des sentiments, nous portons la pudeur. Celle-ci permet une approche de toutes ces choses qui sont du domaine des dynamiques de la vie. Etre pudique, c'est ne pas donner trop d'importance à tous ces éléments et fabriquer une certaine réserve. Il faut bien remarquer que Dieu et la Nature, pour marquer l'état de virginité ont défini anatomiquement l'hymen. Cette membrane portée comme le scellé et son sceau du système est la marque d'un état reconnu : celui d'être vierge. Dans certaines civilisations et religions cela a un grand sens. Mais l'humain le définit surtout pour la femme à laquelle il lui aféode toutes les règles morales. L'homme lui a moins de restriction ou d'importance en la matière, même si lui aussi est porteur de cette marque originelle. Toutes les espèces sont marquées par cet état et le fait de rentrer dans le cycle reproductif permet de faire disparaître cette indication. Nous le voyons, Dieu met ses propres repères et en nous créant, il nous mettait des points d'observations obligatoires

Nos sociétés occidentales modernes ne s'embarrassent plus de scrupules avec cette virginité et les moeurs répandus désormais, n'attachent pas une valeur affirmée à celle- ci. Toutefois, comme nous l'avons vu, le sentiment de pudeur est un élément de retenu sur le sujet. Chaque individu s'y réfère et a son propre comportement en la matière. Je pense que c'est un sujet qui influe grandement sur l'âme et son évolution spirituelle. Ce n'est donc pas si anodin et futile que cela d'en parler et de l'analyser.

26. POURQUOI N'EXISTE-T-IL PAS UNE PASSERELLE OU UN LIEN PLUS AFFIRME ENTRE NOS DEUX MONDES ?

C'est bien là un grand mystère ! Comme nous l'avons vu, l'homme par sa seule volonté aurait-il ouvert une fenêtre sur ce monde, ici-bas ? Si on a fait une analyse plus poussée, nous pouvons le comprendre ainsi. Nous aurions ouvert et matérialisé, malgré la volonté de Dieu, cette dimension qu'il nous interdisait quand nous étions à ses côtés. Est-ce ainsi qu'il faut le regarder ? Il est très possible que cette dynamique, nous l'ayons développé par notre seule volonté, nous entraînant progressivement à errer loin de notre Créateur. Mais étaitce également nécessaire à notre destinée et notre affirmation totale dans la libre détermination. ? On peut le supposer et l'homme se définit désormais par un esprit libre, hors de tous les pouvoirs et volonté d'une divinité. Pour certains hommes, être aféodé à une autre volonté est contre nature et ils déclarent : « -Ni Dieu, ni Maître ! » Ces mots sont dans leur sens porteur de l'indépendance d'esprit et ils sonnent comme une libération déterminée de l'être. Fallait-il en arriver à cet état pour que nous construisions notre propre destinée ? Toute notre croyance serait du domaine d'une vue de l'esprit et seulement définie sous ce jour ? Si nous acceptons une autre dimension dominante, cela voudrait aussi dire que quelque part, nous sommes aliénés et parfois prisonniers par une telle vision.

Pour être objectif, disons-le : chacun chez soi et dans sa dimension ! Nous aurons tout le loisir de constater après notre jouissance du monde physique et matériel que notre jugement était erroné et notre vision tronquée. Nous serions libres, à condition de savoir développer un sens poussé de notre tous ensemble dans des dimensions morales élevées. Et si l'homme lui-même, depuis le début des temps avait inventé un tel mécanisme pour se contraindre à évoluer vers des voies meilleures, positives et affirmées ? Cette hypothèse peut se confirmer quand l'on connaît le goût de l'humain pour le pouvoir sur ses semblables. Mais, j'arrête là mes suppositions car elles débouchent sur la négation de l'existence de Dieu. Il y a ce que nous percevons, analysons concrètement avec notre mental, et ce qui nous échappe par la compréhension. Cette compréhension, certes intelligente, ne nous permet pas de faire le tour de ce que nous sommes en réalité dans les profondeurs de l'âme et de l'esprit. Ce monde bâti matériellement a ses propres limites et s'est fixé un temps que nous percevons tant bien que mal. L'autre monde ne nous veut aucun mal et il n'a pas l'intention de nous rendre prisonniers, mais de nous offrir un bonheur en récompense de nos efforts. Il n'est pas sectaire et se révèle par l'amour régnant au-delà de nos propres capacités terrestres. Donc, nous pouvons dire que cette autre dimension nous est nécessaire dans un absolu, car nous venons d'elle et nous y retournerons. Pour certains agnostiques, nous aliènerions notre chère liberté en ayant une telle croyance. Notre cerveau serait la cause de bien des errements en la matière ; soit, mais regardons tout de même où cela nous conduit ! Depuis des millénaires, nous subissons grandement les aléas des forces dites de la Nature avec un grand N. Elles ne sont pas très tendres et douces avec nous et progressivement nous les avons reléguées au rang d'accompagnement futile. C'est pourtant ces mêmes forces qui créent notre environnement, nous permettent de prendre forme et nous constituer un corps véhiculant notre être. Avons-nous fait une analyse trop subtile en affirmant que nous étions bien un corps physique, mais aussi un esprit incarné et une âme dynamique ? Pour certains individus c'est ainsi qu'ils le jugent et rien ne peut dorénavant les empêcher de croire en ces vues. Pourtant, au fil des siècles, l'autre monde, c'est-à-dire le spirituel s'est manifesté par des apparitions et des faits dits miraculeux. A chaque fois, des messages ont été délivrés à une humanité dubitative. Rien n'y fait, nous continuons notre chemin, comme si ce matérialisme ambiant avec tous ses corollaires associés devait régner en maître. Différentes civilisations, dites développées et évoluées, ont repoussé ces croyances en les forces dynamiques des âmes et elles n'ont voulu voir que leurs propres constatations. Tel Thomas, lors de la résurrection de Jésus, qui dût toucher sa plaie et son corps pour croire en cette sauvegarde de l'être. Tant qu'ils n'ont pas vu, ils ne croient pas !

Je suis un convaincu de la croyance dans une autre monde car ma conscience, dans ses premiers moments, a été instruite par celui-ci et Dieu lui-même. Ma plume fertile et agile est le reflet de cette instruction discrète, mais ferme et positive pour tout mon être. Ma fidèle mémoire a gardé le souvenir de mon incarnation et c'est pour moi un fait mémorable et ineffaçable.

Je rends grâce à Dieu d'avoir bien voulu, dans son infinie bonté, accepter que je conserve en moi ces souvenirs.

Alors, pourquoi l'autre dimension ne s'ouvre-t-elle pas plus à nous ? Je ne peux vous répondre et j'en suis à échafauder des hypothèses. Nous ne méritons peut-être pas mieux et les différents miracles réalisés, sous forme de guérisons inexpliquées par les sciences humaines, sont le fait que cette dimension n'est pas très loin et en même temps invisible à nos yeux. Jésus nous disait : « Ils ont des yeux, mais ils ne voient point ! »

27. MON IMAGE DE DIEU

Cette analyse m'est propre et je crois chacun, en lui-même, capable de faire cette imagination mentale. Sauf, que celle dont je vais vous parler a été obtenue dans ma rencontre avec notre Père à tous. Comme je l'ai expliqué, il s'agissait plus d'un ressenti psychologique et télépathique que d'une vision elle-même. Si je n'avais pas d'yeux, je voyais néanmoins. Si mon cerveau n'était pas formé, je pensais cependant. Si mes sens n'étaient pas très développés, je ressentais les choses et les sentiments. Je recevais le monde, j'en analysais la quintessence et je rencontrais Dieu dans une vision éclairé, affirmée, douce et apaisante.

J'étais réceptif à sa présence et même si elle n'était pas continue à mes côtés, je savais quand et à quel moment j'allais le rencontrer. J'attendais avec impatience notre rencontre, car l'amour que je recevais était grandiose et le dialogue établi fructueux, organisé, riche dans les enseignements et remplis de visions du monde et de ses différentes facettes. Vous allez me dire : « Et le reste du temps que se passait-il ? » Comme je me situais à l'état de foetus, le reste du temps, je devais dormir ou bien je me rappelle activer ma conscience en pensant aux différents reçus analytiques de l'humanité en marche. Je recevais beaucoup de ressentis sous forme de sentiments développés et je les analysais car j'étais déjà conscient que j'allais m'incarner et vivre une vie d'humain. On peut dire que j'allais des phases du néant et de l'oubli créées par le sommeil à celles très fines et neuves des consciences éveillées. Quand je reprenais consciences des choses et des sentiments, j'attendais avec un fervent désir la venue de Dieu luimême et la pré instruction qu'il me transmettait. Mais, je crois me souvenir que s'il était bien celui avec qui j'avais ce dialogue, il était parfois accompagné par quelques personnes dont je n'ai pu me souvenir des réalités matérialisées par mon cerveau. Je sais qu'à une période, il y avait quelques personnes qui se trouvaient là, mais le dialogue s'établissait bien avec notre Père à tous et lui seul. Pourquoi ? Je ne puis le dire, même si il était celui dont l'amour régnant et la bonté rayonnaient tout aux alentours. , ce qui me pénétrait et parcourait tout ce que je représentais ; l'amorce d'être spirituel et très peu physique. En même temps que ce dialogue de l'esprit, j'ai aussi reçu l'image de Dieu lui-même. Cette image, je ne peux l'avoir inventée car j'étais dans une période où mon instruction sur les temps terrestres et les autres civilisations m'étaient inconnus. Vous allez comprendre pourquoi je dis cela ! C'est donc un homme dans sa forme qui m'a approché. Son visage très expressif était doux, serein, rayonnant de sérénité et de paix et surtout emprunt d'un volume d'amour et de bonté innénérable tant la grandeur ne peut être décrite par nos mots humains. Il portait une grande barbe blanche et ce port était très agréable dans l'expression. Il me semble que les cheveux étaient assez longs et grisonnants, disons argentés. Sa carrure se révélait assez forte comme les humains de forte ossature. Sa taille me semblait légèrement plus grande que celles dont je connais aujourd'hui l'existence sur Terre. Il était revêtu d'une tunique à l'ancienne semblable aux personnages décrits dans la société Grecque. C'est-à-dire une robe de couleur blanche, mais je n'en suis plus si sûr, car je crois bien qu'elle possédait différentes couleurs semblables à celles d'un arc en ciel.. Mon analyse, à cette période précise, était plus orientée vers le ressenti psychologique et psychique et les visions transmises que sur la description et observations de celui qui m'approchait dans sa conception imagée.

J'ai constaté, en interprétant des textes sur l'image de Dieu que nous avions bien matérialisé pour la plupart ses apparences. L'image convenue était bien un approché de ce que j'ai découvert, si je puis dire. Certes, il existe probablement beaucoup de façons d'analyser l'image de Dieu. Il y en a une par religion existante et peut-être une par individu. C'est notre cerveau qui analyse un monde de l'esprit réfugié très souvent dans l'abstrait, aux contours parfois flous dans les formes et les définitions. Dieu existe bien sous la forme imagée que je viens de vous décrire et j'ai rencontré des hommes lui ressemblant étrangement. Je pourrais vous donner un exemple, mais il ne serait pas convenable que je fasse une telle révélation. Pourtant, il s'agit à mes yeux d'une très grande similitude en ressemblance. Et si l'homme a été crée à son image,ce n'est pas faux de dire ,qu'à notre face, il se présente sous forme humanisée. Je peux vous révéler qu'il s'agit également d'un homme contemporain du peuple Grec, mais je ne vous en dirai pas d'avantage, car rien ne m'autorise à effectuer un tel rapprochement dans une communication publique.

Résumons –nous : Dieu a bien une image pour nous, mais est-elle furtive et attaché au mental de l'individu lui-même ? Cela relève du mystère ! Une chose est sûre, c'est que le rayonnement des sentiments nobles provenant de la plus haute personnalité spirituelle est sublime, grandiose, immense, au point que je m'y blottissais et ne voulais plus quitter cet état douillet fait d'amour, de paix, de sérénité, de compassion, etc. C'est avec pénibilité qu'il m'a fallu me séparer de cette présence, mais notre Père m'avait transmis ma pré instruction et fortifié ma destinée. Je pouvais donc partir vers mon aventure humaine terrestre.

Je sais, certains psychanalystes, psychologues, psychiatres diront : « Mais êtes vous bien sûr que c'était Dieu que vous rencontriez. N'était-ce pas plutôt le ressenti de vos propres parents biologiques qui s'affirmait de façon très fine à travers vous et votre conception fétale. Cela aurait pu être ainsi, car au lieu d'aller dans une autre dimension, vous viviez la vôtre intensément ? »

En réponse, je dirai que ces questions sont très pertinentes et elles forcent à développer les arguments pour étayer mes souvenirs prénataux.Tout d'abord, la grandeur des sentiments d'amour que je recevais était immense, je baignais à l'intérieur et m'y blottissais. Il y avait bien une présence autour de moi et je le confirme. Il me fut montré la beauté de la Terre, sa rondeur, sa bleuté, ses montagnes, ses mers et océans et puis la vie grouillante active et organisée. Je percevais cela, comme si je me trouvais dans un vaisseau stationnaire dans l'espace terrestre. Je ne crois pas que la relation avec mon Père et ma Mère biologique ait pu engendrer de telles visions. Et puis, il y a cette destinée ! Dans le dialogue avec Dieu, je sus que je me consacrerais à un bien de la création, du moins m'a-t-il dit au service de cette création. Ce fut le Temple Sylvestre, avec son milieu, qui devait s'ouvrir à moi pour que je puisse exercer un métier, en relation avec ce qui m'était expliqué. Là encore, le temps passant et mon vécu se matérialisant, je constatais que ma destinée était conforme aux instructions que j'avais reçues. A travers ces données, j'approchais bien une personnalité remplie et rayonnante de sentiments nobles, d'une vivacité d'esprit extraordinaire, laquelle m'instruisait et formait mon esprit. Ce n'était donc pas des relations avec mes parents biologiques, mais celles d'une autre dimension. Qu'on le veuille ou non, c'est une grande réalité et un immense bonheur pour moi d'avoir pu garder intacts ou presque mes souvenirs prénataux et instructeurs. Ils étaient inscrits en moi, pour s'affirmer lors de mon vécu au fil de ce temps que je parcourais, comme tout un chacun dans sa vie. La venue dans ce monde n'altérait en rien ces souvenirs et mon incarnation, en passant d'un état analysé dans un psychisme développé à un état physique concrétisé, n'a pas supprimé ces souvenirs. Certains m'ont dit : « Comment se fait-il que vous ayez gardé de tels souvenirs, car d'habitude ils sont effacés avant la naissance, s'ils existent. Ou bien, n'ont pas, tout simplement de réalité ? »

Sur le comment se fait-il, je dirai que je n'en sais pas d'avantage, mais ce que je crois, je vais le définir. Je devais représenter une âme ayant déjà vécu une ou des vies antérieures dans une richesse spirituelle affirmée et ainsi je devais reprendre corps dans ce monde, pour une nouvelle fois m'affirmer dans la fermeté de l'esprit. Je fus sorti du néant par une symphonie où dominait le son des trompettes. Cette musique était forte, vibrante, mélodieuse et elle pénétrait toues les parties de mon âme, la forçant à son réveil et son éveil conscient. Cela se passait-il sur Terre ou delà ? Je pense que cela se déroulait audelà de la planète Terre, car l'humanité terrestre et la beauté de la Terre et ses merveilles me furent montrées. Si j'avais vécu auparavant, en ces lieux, cela n'aurait pas eu lieu. Les visions qui m'apparurent en images fortes et très structurées définissaient des vues semblables à celles d'un satellite observant la planète Terre.

Peut-être, suis-je une âme neuve s'éveillant à une première vie ou bien une vieille âme ayant connu d'autres mondes et d'autres univers. Cette dernière hypothèse me parait plausible, car j'ai noté qu'il me restait parfois l'émergence d'une autre façon de concevoir les choses, les sentiments dans leurs abords, les formes d'instruction de l'être et de son comportement. Par exemple, je crois fermement à la connaissance innée, dont l'accès par le cerveau est immédiat et fait partie de nos possibilités évolutives. Je ne nie pas les bienfaits de nos enseignements et instructions, mais je mentionne l'existence d'autres possibilités. Ma forme d'intelligence est différente des habituelles et je suis peu cartésien, comme il est convenu de le dire. Je place la pensée, fine, éthérée, noble, élevée avant toute chose et atteignant tous les comportements. La connaissance par elle-même, n'est pas pour moi, essentielle et primordiale. Les valeurs portées par l'âme et l'esprit sont les plus fortes et orientent nos destinées, nos vues, nos sociétés, nos civilisations. Mais, qui m'a révélé tout cela et me les révèle encore dans leurs analyses et philosophies générales ? Dieu ou bien des vies antérieures que j'aurais vécues ? Comme je le relate plus avant, j'ai reçu de Dieu une pré instruction et il m'a également ouvert quelques portes de la compréhension du monde. Ma pré instruction s'est révèlée grandiose, riche d'enseignements et de vérité. C'est ma principale base de données. Ensuite, posons-nous la question suivante : « Ame Terrienne ou bien provenant d'un autre monde ? » Je dirai, comme nous l'avons vu qu'il est possible qu'elle provienne d'un autre monde plus âgé et évolué spirituellement, socialement et dont nous ne connaissons pas encore l'existence matérielle. Possibilité de cette hypothèse, ce qui corroborerait certaines de mes analyses. Il y a ce que je décris dans mon précédent ouvrage : mon voyage astral ! J'ai connu la souffrance et à travers elle la possibilité d'accéder à ce voyage, dans le couloir merveilleux de lumière du temps, et de l'universalité, me permettant de m'instruire et de ré affermir mon esprit et ses possibilités innées. Cela a bien eu lieu et si je vous écris aujourd'hui, c'est grâce à ce voyage qui a développé en moi, un sens aigu et affirmé de la communication. J'en ai rapporté plein de richesses et même un sens du divinatoire, car des temps proches me furent dévoilés. Je sus ce qui allait se dérouler dans cet avenir. Je suis entré en contact avec différentes facettes formatrices de l'être humain et aussi bizarre que cela puisse paraître nous venons tous de contrées lointaines, car si mes souvenirs étaient fidèles, nous ferions un énorme bon en avant sur la connaissance de la vie. Après cela, je ne suis pas pour autant un extraterrestre et rien ici bas ne m'a été épargné sur la pénibilité des choses de la vie. Bien sûr, mon destin s'est trouvé fortifié, mais parfois je devais me placer en arrière ou en retard, dans les starting-block du stade de la vie ; je n'ai pu faire d'études car mes parents étaient très pauvres et je devais ,par définition, entrer dans la succession de l'entreprise familiale. Je suis donc un autodidacte, mais j'ai compensé ce manque par les richesses de ma pré instruction et celles de mon voyage astral, lequel me fertilise encore aujourd'hui. Etudes ou pas études, le résultat est identique et j'accède à la connaissance sans pour autant en faire une priorité absolue. Pour moi, le monde spirituel de l'esprit et de l'âme passe avant tout et ils sont les bases sur lesquelles je me repose. Il est certain que je suis né avec un potentiel contenant une autodiscipline de mon être, de mon esprit, de mon âme et j'aime, par ce bais, bénéficier des grandeurs de la liberté. Parfois ce qui parait pour mes semblables être une rébellion contre une société organisée et structurée, dans mes explications, n'est qu'une philosophie explicative pour que nous progressions tous ensemble. Mais, attention, mon autodiscipline est aussi morale et je bannis tout manquement entrainant mon esprit vers des voies douteuses et dangereuses. Je n'ai pas peur pour autant de la vie et de ses risques physiques, mais je crains ceux atteignant l'esprit humain. Ce n'est pas pour cela que je me complais dans un monde fait de privations constantes. J'aime la vie et sa dynamique profonde et je sais en déceler les très grands risques pour l'âme. Je connais l'âme humaine et je m'en approche très près, car il m'est permis d'y voir beaucoup de richesses. Par moment, j'ai l'impression que de telles capacités côtoient une conscience éveillée du monde et de sa dynamique. Malgré cela, je n'ai pas pouvoir pour enrayer ou connaître à l'avance les grandes catastrophes et influer sur les évènements ; J'ai accès à une fenêtre ouverte sur l'activité humaine générale, ses valeurs spirituelles et les visions des civilisations formées. Par extension au domaine de l'universalité compréhensible et lisible, je peux y analyser une logique dynamique de l'univers. C'est-à-dire la présence de vies semblables ou différentes de la nôtre en de nombreux lieux des innombrables galaxies et mondes créés par Dieu. Nous Terriens avons en mémoire les temps unique, à notre image, de notre création et la présence à nos côtés de Dieu en ce moment précis ; Ce fut pour nous notre matérialisation dans le temps. Mais ce fut uniquement pour notre planète, car le même phénomène existe dans beaucoup d'autres mondes. Chacun a son moment inoubliable, gravé en sa mémoire. Et bien, pour nous Terrien, il en est ainsi.

28. SYMBOLISME DU VIN DANS LA CHRETIENTE

La Chrétienté a mis également le symbolisme du vin dans sa religion. Jusqu'à Moïse, il n'existait pas de relation du monde spirituel avec le vin. C'est Jésus qui professa ce rapprochement en plusieurs occasions. La première de ces affirmations eu lieu aux noces de Cana, où Jésus, dans un geste et un acte miraculeux, remplit des jarres entières de vin. Il fit, tout d'abord, remplir d'eau ces contenants et par ses pouvoirs surnaturels et divins la transforma en vin. Ce fut la première relation avec ce breuvage qui était déjà connu des civilisations du pourtour Méditerranéen.

Mais, il n'en resta pas là et il définit ce produit de la vigne comme le breuvage des dieux. Il signifia qu'il contenait une grande vérité. D'ailleurs, les hommes qui en abusent voient leur cerveau réagir puissamment à ses effets par influence de l'alcool contenu. Etait-ce une drogue ou réellement un élément important porté par la Terre ellemême ? Il déclara également, en portant la coupe à ses lèvres que cela était encore beaucoup trop pour l'homme ! Il fallait bien qu'il en tire une réelle importance pour exprimer une pareille appréciation. C'était, à n'en pas douter, une richesse divine que l'homme possédait dans un superflu, aux regards de ses mérites spirituels. Pourtant, il fut instituer une locution définissant cette boisson très particulière ainsi : « *IN VINO VERITAS* », la vérité est dans le vin. Qui aurait pu le croire et pourtant ce végétal qu'est la vigne, propage vigoureusement ses racines dans les sols de préférence assez pauvres, sur les versants ensolleillés. Le fruit obtenu est un mélange d'ingrédients contenant du carbone fixé et mûri par les ardents rayons du soleil. Il est donc fils de la Terre et du Soleil, comme toute la vie, ici-bas. Ce breuvage porte en lui bien des qualités et son goût est parfois porteur d'arômes naturels développés souvent sous un aspect très subtil. On peut, en le dégustant, connaître ses origines, son cépage et ses provenances avec un développement ancré des caractéristiques du terroir. Nous pouvons ainsi dire sur quels sols pousse cette vigne productrice. Différents goûts reliés aux natures du sol y sont contenus.l'ensoillement y figure également et l'on peut ressentir si le soleil est présent rendant le vin parlant, gouleyant et ferme. C'est donc bien un breuvage reflétant, pour qui sait l'apprécier avec modération, de grandes inspirations sur la Terre qui nous porte et également nos corps et ses divers composants. Le vin est bien un nectar et un don de Dieu fait à l'homme. A lui de ne pas décevoir son Créateur en en prenant bien soin et surtout en favorisant ses qualités naturelles.

Il étourdit l'homme ivre et aseptise son cerveau et ne dit-on pas : « Il est dans les vignes du seigneur ou de l'Eternel ! Vérité puissamment assénée ! L'être ivre est également sous la protection de Dieu et les hommes doivent se méfier de la maltraiter car il est protégé. Ceci n'est pas un plaidoyer pour user et abuser de ce breuvage, mais pour signifier le grand sens donné par la Chrétienté et les citations populaires et croyances qui s'y attachent.

D'ailleurs, le prêtre, lors de la célébration de son office, porte un calice contenant du vin à ses lèvres et à sa bouche, le déguste en souvenir et la mémoire des enseignements et la vie de Jésus. Ce n'est pas un appel à boire de l'alcool, mais le rythe symbolique attaché aux richesses de la création sur la Terre. Vous remarquerez qu'il est un ferment unificateur pour la communication entre les êtres. Entre amis, avec la famille, avec les camarades et toutes nos fréquentations, il est de bon ton d'ouvrir une bonne bouteille de vin et de la déguster ensemble. Autour de ce verre de vin se lie quelquefois les amitées et se nouent des liens de fraternité. Il est courant d'offrir un verre de vin à la personne qui nous visite. Il se forme bien entre l'humain et cette boisson un véritable échange de sentiments nobles. Trinquer avec un verre de vin entre amis raffermit la fraternité. Trinquer avec un verre de vins entre hommes d'affaires, c'est valider un contrat. Trinquer avec des personnes pour effacer une brouille, une fâcherie est également entré dans nos coutumes.

29. JUGEMENT SUR CES PHILOSOPHIES ET CONSTATS D'EXISTENCE !

Je garde en souvenir pas mal de choses que mes parents me faisait découvrir ou que j'observais moi-même. Je m'imprégnais du milieu dans lequel je vivais. Très tôt, dès ma prime jeunesse, vers l'âge de deux à trois ans , j'ai commencé à faire de long discours philosophiques au moment des repas. Mes parents ne m'écoutaient pas et ils ne s'étaient pas interrogés sur le sens de mes propos. Je n'en connais plus aujourd'hui la teneur et c'est bien dommage car je me définissais déjà comme un philosophe. Par contre, ce que je me souviens, c'est que le monde me faisait peur dans sa grande réalité existentielle. L'esprit militaire, la vue des uniformes reflétant une certaine autorité et cruauté m'atterrait. Le fait de priver de vie un animal pour le manger m'indignait et me peinait. Quand mes Parents tuaient le cochon de la ferme, comme il était de coutume autrefois, je me réfugiais chez nos voisins où je rencontrais parmi de jeunes voisines une attention très particulière pour l'enfant que j'étais. Mes discours étaient-ils évocateurs de mon incarnation et de mon instruction par l'autre dimension ? Je le crois, mais comme personne ne m'écoutait, nous n'en saurons rien. Mes parents, lassés de mes discours à chaque repas, décidèrent, afin de me faire taire, d'acheter un poste de TSF. , c'est-à-dire la radio.En effet, ce fut très dissuasif car je ne pouvais plus en placer une, car mes parents attentifs au jeu et informations du moment, imposèrent le silence.un silence qui, ont dit qu'il est d'or et la parole d'argent.

Bref, j'avançais dans le temps en ayant également comme passion la lecture des bandes dessinées dans le journal quotidien. J'allais chercher ce journal à son dépôt situé à moins d'un kilomètre, chaque jour ouvrable. Au tout début, ce fut à pied que j'y allais, puis vers huit à neuf ans, le Père Noël m'apporta un superbe vélo. Pour l'époque, mes parents m'avaient gâté ! Intéressé et passionné de plus en plus par les bandes dessinées, j'avalais, sans coup férir, l'oeuvre de Jules Verne. J'en oubliais même mon vélo au dépôt de journaux pour rentrer à la maison en lisant mon feuilleton quotidien. C'était plus que passionnant et instructeur de connaître « Vingt mille lieues sous les mers », « De la Terre à la Lune » etc.…

Pour le reste, je lisais également des bandes dessinées portant sur Michel Vaillant, grand coureur automobile et héros des temps modernes. Puis, je me tournais vers des choses plus terre à terre et l'esprit militaire ,le héroïsme d'un pilote de chasse avec son escadrille de la Royal Air Force,nommé Battler Britton. Je crois bien que j'ai avalé sans broncher tous ces textes que la télévision nous passe aujourd'hui en feuilleton sous le vocable de têtes brûlées. Ce Battler Britton était le papy Boghinton de cette escadrille. J'ai trouvé cela curieux que cinquante ans plus tard, nous ressortions pareille histoire. Les militaires me faisaient peur avec leur air martial, leur discipline inflexible, mais ces héros de la guerre ne m'étaient pas indifférents car légèrement rebelles contre l'organisation rigide. Il s'agit là, d'un paradoxe me concernant et ce n'est pas pour cela que je voulus embrasser le métier de pilote. De toute façon, cela n'aurait pas été possible car mon instruction était primaire et elle ne pouvait satisfaire un accessit vers les écoles supérieures. Pour ma part, je n'imaginais pas que le savoir et la connaissance soient des choses essentielles pour réussir parmi les humains. Ma pré instruction m'avait apporté une intelligence assez bien formée sur certaines côtés spirituels, mais non expressive dans le cartésien.

Je fabriquais également beaucoup de petits jouets en bois, notamment des petits tracteurs fait de rondins. Cela fonctionnait tant bien que mal et me suffisait avec mon ingéniosité naturelle et surtout les outils de mon père que j'empruntais souvent en cachette.

Je découvris très vite, avec l'adolescence, les difficultés du monde de la terre, dans lequel je vivais et que j'aimais. Très tôt, comme nous l'avons vu, je dus travailler aux champs, non pas contraint et forcé, mais parce que j'aimais cela Mes vacances scolaires se passaient au travail. Et j'apprenais très vite les matières essentielles à la vie naturelle et celle de la terre en général. Vers dix-huit ans, quand ce monde s'écroula, j'ai eu beaucoup de peine pour mes parents qui étaient des gens honnêtes, sages, droits, en qui l'amour de leur métier était important. Rien à faire, cette modification de l'agriculture ne pouvait que s'accentuer et déjà de nombreux petits agriculteurs mettaient la clé sous la porte. Ce monde était, alors, près des réalités biologiques ambiantes créées par la Nature pour l'équilibre de la vie sous toutes les formes. Rien n'y fit et nous devions passer de l'agriculture biologique définie par les sciences agronomiques ,à une forme d'agriculture industrielle puissante et productive. Il en était défini ainsi par des penseurs misanthropes, mais siégeant et exerçant leurs pouvoirs dans un absolu despotique.

Peu importe, il fallait subir la loi du plus fort qui s'impose aux faibles. Aujourd'hui, le résultat est là et c'est une catastrophe. Les équilibres biologiques issus de la terre et la nature ont été rompus en maints maillons. Nous empoisonnons les sols, négligeons le monde du vivant, fabriquons des aliments en mauvaise harmonie avec l'équilibre de nos corps ; Nous maltraitons les espèces domestiques en en faisant un élevage dit en batterie ou hors sol. Ces pauvres animaux n'ont plus de contact avec la nature et ils sont extrêmement malheureux et en souffrance constante. Nous n'avons pas les remords de ceux qui aiment et respectent la vie.

C'est donc ce règne qui m'éloigna de l'agriculture nourricière, pour rentrer au sein d'un autre monde : le Temple Sylvestre. Mais, avant regardons comment je suis parvenu à m'inclure dans cet univers. Il faut savoir que lors de ma pré instruction, j'avais lors de mon entretien avec notre Père à tous, souhaiter apporter ma contribution à la création sur cette Terre. Dieu m'exhaussa et très vite je devins, malgré mon manque flagrant d'instruction du monde de l'humain dans la connaissance particulière et le savoir, un serviteur forestier.

J'y découvris une splendeur régnante qu'est le monde végétal dans sa plus profonde évolution, c'est-à-dire l'arbre et la forêt. Je m'intégrais très bien au milieu forestier comme si depuis toujours je l'avais fréquenté. Le plus dur, c'était l'organisation elle-même, paramilitaire et administrative. Elle me pesait et m'a toujours pesé car j'avais compris qu'à l'intérieur dominaient les hommes couverts de hauts diplômes et sortant des grandes écoles (Ecole Nationale d'Administration, Polytechnique, Ecole du Génie rural, des Eaux et des Forêts, etc.).Ainsi, il me fallait bien me rendre compte que ma pré instruction ne m'était pas d'un très grand secours, face aux pouvoirs établis des diplômés régnants sur ce monde. Il fallait me soumettre et admettre que j'aurais bien pu atterrir sur des emplois plus subalternes et pénibles avec des gestes répétitifs. Ce n'était pas le cas, car ce que je découvrais, faisait appel à la conscience régnante sur le monde des arbres qui interpelle sans cesse le nôtre et lui rappelle certaines vérités. Ils étaient sur la Terre avant nous, et ils ont créé les conditions pour que la vie animée puisse exister.

Ma pré instruction me permit d'effectuer mon métier avec passion. Mais, dans un tel système, certains responsables se demandaient que venait faire ce petit paysan sans diplômes ? A l'intérieur des systèmes organisés humains et hiérarchisés, il ne fait pas bon être sans reconnaissance des études. Mon parcours était comme l'on dit atypique et j'apprenais très vite par la passion et la volonté. Naturellement, ma pré instruction se réanima et elle me permit d'évoluer dans la connaissance générale. J'avais également un goût pour la recherche et en solitaire je menais mes propres études sur ce Temple forestier. Mon savoir progressait sensiblement, jusqu'au jour, dans la souffrance, je fis ce que nous appelons un voyage astral. Les suites furent convaincantes et je devins beaucoup plus instruits progressivement par les conséquences de ce voyage. La philosophie se réveillait pour moi et le plus grand philosophe de tous les temps vint à mes côtés pour m'éclairer. Il ne s'était pas matérialisé, mais mes songes médiumniques me dirent qui il était. Il s'agissait de Platon et il m'indiqua, en 1977, que la France allait connaître une période plus sociale avec l'avènement du Socialisme. Je m'en ouvris à mes proches du cercle privé, puis celui professionnel. Je commençais à professer philosophiquement au départ, tout le monde écoutait dubitatif mes élucubrations. Etait-ce sérieux, ce message ? Je n'en doutais pas et je l'affirmais haut et fort ! Quand mai 1981 arriva, tout s'éclaira et la France venait d'entrer dans l'ère du Socialisme. Non pas celui très dur des pays de l'Est, mais celui cher au peuple Grec, berceau de notre civilisation. Mon message n'était donc pas si inconséquent et Platon m'avait fait connaître notre avenir. Je sus qu'il n'était pas très loin de mon schéma de pensée intellectuel et philosophique. Bien sûr, je restais modeste, mais au fond de moi-même, j'étais très fier de cette révélation. Le goût pour l'écriture et l'inspiration arriva également en m'entrainant à rédiger un manuscrit sur la nature.

Ce goût devint plus prononcé et il s'affirma avec le temps et dorénavant ma plume agile noircit, sans trop d'efforts, les pages blanches. Ma connaissance générale s'étoffa considérablement et je constatai qu'en pensée active, mes analyses étaient pertinentes.elles côtoyaient parfois celles des grands penseurs de ce monde. Ce qui m'arrivait relevait du miracle et ne pouvait être relié qu'à l'existence de Dieu et de l'autre dimension.

J'atteignis techniquement sur la nature des niveaux du savoir importants dans les analyses, sans jamais avoir ouvert les livres s'y référent, seulement par la méditation. Tout s'éclaircit et simplement mes raisonnements confortaient mon savoir. Des niveaux intellectuels dominants faisaient également des cheminements, mais dans une complexité relative. Une personne me dit que j'arrivais bien à maîtriser les analyses techniques, mais par des moyens archaïques. Je n'en fus pas complexé car au lieu de dix pages algébriques et de développements complexes, j'arrivais avec deux au même résultat. Mon archaïsme n'étonnait que moi et ainsi je progressais de nouveau. Philosophiquement, je me plaçai dans la pensée dominante, mais mon savoir, non étayé par des années de vie formatrice au sein des grandes écoles était parfois décontenançant.

Un de mes chefs de service, polytechnicien, vint un jour m'entretenir de mon comportement et me signifia par avertissement que si je continuais mes écrits emphases et lyriques influençant mes camarades professionnels, je serais muté. Comme je n'avais commis aucune faute professionnelle et que son jugement était basé sur le reproche d'une communication trop vive et incisive. Je reçus bien le message, non sans un sentiment de contrariété, mais je me dis aussi que je devais être plus performant en philosophie, au point d'interpeller mes semblables ! Cette personne réfléchit, me fixa des objectifs professionnels dans l'excellence elle médita sur ses analyses. Un jour, lors d'une réunion de travail, elle déclara que ce qui lui surprenait, c'était qu'il existait bien d'autres formes d'intelligence dont nous ne tenons pas compte. Au cours du repas, pris en commun, ce chef de service alla chercher une bonne bouteille de vin et demanda que l'on trinque ensemble. Nous venions donc de faire la paix et je me dis que j'avais probablement provoqué, ors de notre entretien houleux, une réflexion sur les êtres et leurs capacités.

J'évitais d'avoir un comportement individuel trop agressif philosophiquement, mais je ne me privais pas lors des réunions de répondre sur les sens donnés aux questions abordées. Ceci, bien évidemment, en tenant compte que j'avais les possibilités de créer un débat animé ; mais qu'il fallait mieux parfois que je m'efface pour laisser une expression à tous mes camarades présents. Ainsi, naquit ma conscience d'avoir acquis un savoir plus important et inquisiteur dont il fallait maîtriser l'expression et la communication. Auparavant, je n'avais pas une telle possibilité et capacité.

L'école des autodidactes est merveilleuse en soi, mais elle est semé d'embûches et elle fait appel à la volonté ; Rien n'est doux et facile face à ce monde d'intellectuels formés conventionnellement et que venais y faire ce troublions sans diplôme ? Certains de me supérieurs hiérarchiques, au sein de l'organisation n'y comprenaient plus rien et ils continuaient à assurer leur pouvoir dans le sectarisme et le péremptoire. Je leur fis savoir que l'homme ne pouvait se contenter d'établir une dominance sur l'autre et qu'ils faisaient fausse route. Je dus, pour continuer à exercer ma profession, mettre un peu d'eau dans mon vin, composer et surtout accepter cette organisation. Ce me fut assez pénible et mon abnégation dans l'obéissance était devenue d'une grande pénibilité pour l'esprit. Je devais pourtant m'efforcer de m'effacer et ne point provoquer avec ma philosophie naturelle. Je suis aujourd'hui conscient de cette réalité qui m'a fait passer, aux yeux de ces décideurs, pour un insoumis rebelle en beaucoup de points. Injuste, car ce que je voulais : c'était la fraternité dans un comportement plus élevé des hommes. J'en demandais de trop ! Cet ordre para militaire où la science est forcément détenue par l'échelon supérieur, n'a rein de bien intelligent et ne fait appel qu'à l'autorité. Je sais qu'il faut des règles et c'en était une à mes yeux peu évolutive et sclérosée. Etais-je vraiment un insoumis rebelle ? Personnellement, je ne le crois pas, mais avoir l'idée de libérer les hommes des carcans où ils sont prisonniers est une chose difficile, voire impossible. Toute notre société se trouve désormais sur des rails et nous ne pouvons plus en changer le cap ou la direction.

Mais, où avais-je pris ces idées de liberté affirmée et du respect plus développé des hommes ? Elles sont inscrites et ancrées dans mon esprit comme si je venais d'un autre monde plus évolué où l'autodiscipline des êtres est grande et reconnue. Dans nos civilisations, ce n'est pas le cas et nous refusons cette éventualité libératrice des hommes et des peuples des répressions et des interdits. Dorénavant, pourtant, à chaque carrefour des villes et des villages, les forces dites de l'ordre veillent d'un oeil mi-clos, comme le crocodile prêt à sauter sur sa proie. Un jour, alors que je circulais à bord d'une automobile, je fus arrêté par deux motards de la Gendarmerie Nationale. Aussitôt, ils me demandèrent de souffler dans l'étylomètre. Avant de m'exécuter, je demandai si l'air contenu dans les poumons de l'homme appartenait à la Gendarmerie Nationale où bien à l'homme lui-même ? J'avais insulté la maréchaussée ! En posant cette simple question basée sur le respect corporel des individus dans leur vie quotidienne et courante. Peu importe, l'ordre était ferme, sans tergiversation, et j'échappai de justesse à une arrestation en règle. Quelle question me dirent les personnes de mon entourage privé et professionnel.

C'est comme cela et il faut s'y soumettre, car c'est pour le bien de notre société de traquer les buveurs d'alcool au volant. Je ne buvais aucunement et mon taux d'alcoolémie se révéla négatif. Je déclarai aux personnes qui comprenaient ces façons de précéder que c'était au nom des citoyens honnêtes, sages, non délictueux, que la loi était rendue et appliquée. En interpellant tout le monde par des opérations collectives, nous tombions dans les travers à la répression devient primordiale et on ne définit plus pour quel groupe de citoyen cette loi s'exerce. Ceci est valable pour bien d'autres tracas faits aux populations. Les forces de l'ordre ont-elles reçu mission de renforcer leurs propres pouvoirs sur le citoyen ordinaire, honnête, discret pour raffermir une société jugée trop libre. Pour les responsables décideurs dans notre société, il faut exercer une pression sur le peuple, pour lui faire craindre, jouer et obéir. Est-ce ainsi que l'on assoie son autorité, en démocratie développée ?

Je crois que cela ne favorise pas l'autodiscipline des êtres. Il faut donc être en permanence menacé pour obtenir une société civile viable et fiable. Ce n'est pas mon monde avec son idée de la démocratie vibrante et régnante. On me rétorque que la philosophie ne peut s'appliquer qu'à un nombre limité de personnes. Je suis désolé, mais en maintenant en permanence un carcan répressif, nous occultons toutes autres possibilités libératrices de notre société dite du tous ensemble. L'ordre civil doit être encadré par le militaire et cet état d'esprit provenant du règne Romain où les légions encadraient les peuples. Après deux mille ans, nous en sommes encore là et bien malin, le philosophe qui créera une autre vision. Nous ne voulons pas évoluer et les politiques au pouvoir ne souhaitent pas changer cet ordre des choses et ils entretiennent un potentiel des forces de maintien de l'ordre conséquentes, importantes et impressionnantes pour une démocratie. Cette quantité d'hommes prêts à mâter toute rébellion, qu'elle soit justifiée ou non, est considérable et sans relation avec un Etat démocratique régnant dans une société libérée. Il paraît qu'il ne faut pas rêver et être utopique, mais très pragmatique envers les réalités des natures humaines.

Rebelle ou révolté en faisant de telles observations et constatations sociales, voici le qualificatif qui m'a été attribué et affublé. Certains ont ri et s'en sont moquer car l'individu et la vie même doivent obligatoirement être soumis. Si je soumets cela au questionnement d'une société dite développée, c'était dans un esprit pour attirer l'attention de mes semblables sur la liberté et le respect dus aux hommes sages, honnêtes et paisibles. Tout le reste m'indiffère et si vraiment on s'en balance comme l'on dit, eh bien tant pis ! J'aurai essayé de faire passer le message, même si la dessus je suis trop court et impuissant pour affirmer ma conviction. Ne rien imposer aux autres, souvenons-nous en ! Alors, si la majorité se complait dans un monde de liberté restreinte et non expressive, il faut le respecter et ne point provoquer. Personnellement, je n'ai pas connu d'arrestation, ni incarcération pour avoir voulu déclarer publiquement mes idées. Mais certains hommes admirables, tel José Bové et la confédération paysanne, ont payé leur tribu pour la défense d'un monde correct. Ce fut même par l'incarcération que cet homme fut accueilli par une société qui voudrait un monde naturel respecté, avec une nourriture propre, mais qui n'a pas le courage des ses propres opinions et ne défend aucunement les défenseurs d'une évolution sage et raisonnée. Où allons-nous ainsi ? Eh bien, pas très loin car les despotismes nous menacent et demain vont se dresser des forces qui alièneront grandement notre propre acquis des libertés obtenues par la souffrance des peuples. République ou dictature déguisée, sans respect des peuples et de leurs aspirations, à nous de voir ? La République n'en a plus que le nom et je serais content d'en connaître l'avis sur le sujet du maître à penser qu'était son père, le philosophe Platon. Il nous remettrait certainement à l'ordre et il n'aurait aucun scrupule à nous blâmer pour notre manque de clairvoyance. Vous allez me dire, mais quelle relation avec le spirituel ? Elles sont nombreuses et en libérant l'homme de ses propres aliénations, nous l'entraînons à atteindre un niveau spirituel jusque là inconnu pour lui. Il faut lui faire confiance et l'aimer. Cette accession conditionnerait une meilleure société, une civilisation plus élevée, enfin un bonheur de vivre et d'exister jamais atteint ! Pour l'âme ce serait fertilisant, bienveillant et évolué. Evidemment, le but avec ses règles bien définies et non dans l'anarchie complète, mais le tout basé sur l'autodiscipline de l'être. C'est un sujet sensible sur lequel je ne m'étendrai pas et à bon entendeur salut !

30. TOUT UN PROGRAMME : L'AUTRE DIMENSION ET SON MONDE MERVEILLEUX.

Un jour, je quitterai, avec une grande nostalgie ce monde de la Terre, de la matière qui m'accueillait les bras ouverts et m'a permis de devenir ce que je suis. J'ai aimé, beaucoup aimé et je me suis parfois efforcé d'aimer. J'ai pardonné, mais je ne suis point rancunier. J'ai pêché comme toutes les âmes incarnées. J'ai pénétré le royaume de la chair et j'ai apprécié ses délices. J'ai pris conscience de l'existence, de son âpreté, de ses difficultés. J'ai pensé, beaucoup pensé au point que je me suis égaré. J'ai cherché mon âme et je l'ai rencontrée. Mais, comme un bébé naissant je la soutiens à bout de bras. Je m'apprête, avec le temps qui s'enfuit sous mes pas, à la remettre à Dieu, quand le moment sonnera et arrivera. Je sais que l'autre monde, l'autre dimension m'accueillera car j'ai déjà flirté avec ces mondes. Il faudra me faire tout petit, petit pour entrer dans ces dimensions et leur nature si différente de la notre, au point qu'un océan nous sépare. Et, je dirai, je voudrais rencontrer notre Père à tous et m'enquérir de son avis sur mon existence, mon comportement, mon positif et mon négatif que ma boîte noire voudra bien dévoiler. Je remettrai entre les mains du Père mon âme et m'effacerai devant les forces spirituelles en présence. J'attendrai avec humilité que l'on statue sur mon sort et cette partie de mon esprit que l'on juge et dissèque pour en extraire la quintessence. Mais qu'as-tu fait de ta vie ? Me dira-t-on ! Je répondrai timidement et avec pudeur, car de la sûreté de mes propos ici-bas, j'en ai perdu l'assurance. Je me sens tout petit, si petit que je crois que je ne suis plus rien. Pourtant, me dis-je, j'ai existé et il en reste bien quelque chose. Ce n'est pas possible, le néant n'a pas pu m'avaler !

Puis, soudain, une force invisible m'envahit, elle est composée d'amour, de bonté, de paix, de sérénité de miséricorde, de compassion et elle me pénètre et me réveille, si petit que je suis. Ah, me dis-je : on dirait que je revis par l'intermédiaire de ces forces aimantes. Puis, notre Créateur apparaît dans la lumière rayonnante du plus beau jour de mon existence,.il n'est pas seul et je reconnais ceux qui l'accompagnent. Ils sont déjà venus sur Terre : c'est Jésus d'où émerge une infinie bonté, puis Marie sa maman emprunte toute entière de l'amour maternel, puis les prophètes connus sur Terre tel Moïse. D'innombrables philosophes les suivent et je reconnais Socrate, le maître dans sa grande robe et Platon distingué avec sa chevelure bouclée. Puis surgirent ceux qui m'ont aimé et que j'ai aimé, c'est-àdire ma famille dans la lignée de mon parcours terrestre. D'un coup, je me blottis dans les bras du Père spirituel car son amour est pénétrant, grandiose, revigorant, régnant. Il ne me repoussa pas, mais m'accueille tendrement. Puis j'embrasse Jésus et Marie, eux qui ont tant souffert sur cette Terre. Je salue amicalement dans un sentiment de reconnaissance et de respect tous les grands philosophes présents dans ce monde. Puis, je me précipite vers mes parents biologiques, eux qui m'ont tant aimé et vers qui j'aimais porter toute mon affection et ma tendresse. Mes grands parents, trop tôt disparus sur cette Terre sont là, mes arrières grands parents que je ne connaissais pas, puis une foule de visages qui ne me sont pas inconnus. Toutes ces personnes ont un corps magnifique, splendide, à l'apogée du parfait. Il existait donc bien une référence en la matière et je la découvre maintenant. Tout s'ouvre, ma raison, la sagesse, la paix, la sérénité, la compréhension du bien et du mal et un sentiment de satisfaction car mes semblables, ma famille sont là présents, loin du lieu où on s'était quitté dans le bas monde. Ils sont vivants et au sommet de la plénitude des existences. Ils m'accueillent chaleureusement. Je les embrasse et les serre fortement dans mes bras mu par la tendresse et l'amour régnants.Je communique avec leurs âmes et les mots ne servent à rien, ici, seul les pensées naviguent et obéissent à la seule volonté, aux souhaits, aux désirs. Je suis rassuré, content de savoir ceux que j'aime, loin des difficultés, des soucis, des misères ambiantes. Ma conscience éveillée très tôt s'apaise et elle entre dans une phase de sérénité. Que c'est bon d'être dans un tel état, me dis-je ! Ce corps terrestre aliénait beaucoup de nos capacités et notamment les plus nobles. Mais, il fallait en passer par là, éprouver la matière, pour en définitive renaître avec un nouveau corps exempt d'infirmité, au sein de l'autre dimension, dorénavant : mon monde. Mais, me dis-je : n'oublie pas non plus maintenant le monde d'où tu viens et cette Terre si belle,si merveilleuse où tout est créé pour rendre l'homme heureux et qui s'est transformée en un champ de bataille. J'y reviendrai car je les aime ces Terriens et il faut les aider à connaître et ouvrir leurs vies. Ils ont du mérite car ils souffrent de la pesanteur matérielle. La matière et la chair condamnent la vigueur de l'esprit et sa liberté naturelle. Mais, il faut oeuvrer pour les libérer de ces pesanteurs et pour cela on ne peut abandonner l'oeuvre est trop belle et noble et l'amour à distribuer, en quantité démesurée.

Soudain, je me sens nu, perdu dans cet univers inconnu. Mon état semble pétrifier mon esprit et je tremble de toute ma carcasse de mon corps subtil. Moi qui avais trouvé la paix avec moi-même, je semblais pénétré de nouveau par de multiples interrogations sur cette vie future. Je ne subissais plus les contraintes matérielles, mais il me semblait être atteint par des forces faisant tressaillir mon âme. J'eus bientôt ce que l'on appelle des états d'âme et je regrettais avec sincérité des gestes, des attitudes, des comportements, des jugements que j'avais émis ou commis dans ma vie terrestre..J'étais soudain envahi par le remord et mon âme avait peine, car elle souffrait, elle souffrait afin d'extirper tous ces comportements négatifs. Il fallait que tout cela mûrisse et s'expurge comme un abcès du corps terrestre. J'avais mal et je ne possédais aucun remède. Comment pouvais-je faire pour abréger cette souffrance encore plus pénétrante et incisive que la physique. Les anciens, qui me côtoyaient, me dirent que cela allait passer et que mon âme entrait dans sa phase de rédemption et je subissais mon purgatoire. J'en ressortirais avec une âme renforcée et nettoyée des affres terrestres. Mon autocensure et auto jugement personnel et individuel étaient en marche et comme la machine à laver mon âme laquelle était ballottée par ses soubresauts terrestres mal digérés.

Ici, il n'y avait plus de notion du temps, tout semblait immuable et nous étions hors de son emprise. Alors, combien de temps allait durer ma souffrance ? Je voulus rencontrer le Père pour l'enquérir de mon état, mais il ne le pu et on me dit qu'il était passé au niveau supérieur composé d'un autre monde. Que j'étais arrivé dans le monde de mon niveau spirituel et qu'il fallait m'y installer car mon âme ne pouvait accéder à ce niveau plus élevé. Un homme me dit : « Regarde dans le vide et ses abymes et tu verras d'autres mondes en suspension encore de qualité plus médiocre. Là aussi, il y a des âmes et elles sont dans le niveau qu'elles ont atteints dans leur monde matériel ». Il me dit : »Tu verras bientôt le Père et il t'expliquera ton devenir en attendant que soit arrivée et mûrie cette période si l'on peut dire, il faut te reposer de ton vécu terrestre. Tu as eu beaucoup de bleus à l'âme et finalement le goût de la vie s'émousse et s'efface. Ici, il faut donc lui donner force, courage, richesse. La fatigue de l'âme est bien plus grande que celle du corps et il faut laisser agir l'ambiance sereine, paisible et le bonheur immense envahir nos corps et nos âmes. Ensuite cet état où sont situées au sommet les béatitudes, deviendra normal et ambiant pour toi ». J'écoutai religieusement les conseils de cette vieille âme car je les sentais sincères, honnêtes, désinteressés et remplis de l'amour et la compassion. Puis, doucement, je m'aventurai vers les environs qui se définissaient par un cercle en spirale m'entourant comme des anneaux sur lesquels je pouvais marcher dessus et y découvrir un autre monde. Je fis quelques pas et ma réalité fut très vite changée. Je reconnus immédiatement des lieux qui m'étaient familiers tout au long de ma vie terrestre. Les paysages étaient là, beaux, merveilleux, exubérant dans les expressions des formes et des couleurs parfaites. Mes amis les animaux que j'ai aimés sur Terre étaient là aussi, ils m'entouraient et m'apportais leur affection. J'en pleurais car je croyais, qu'à tout jamais, nous nous étions quittés. Je reconnus mes chiens fidèles et aimants, mon cheval, mes oiseaux, puis un grand cerf majestueux sortie de la forêt toute proche pour venir me saluer accompagné par les biches et les faons, les chevreuils et leurs bambis,les sangliers,les lièvres etc. Les oiseaux exultaient et ce fut une mélodie, une sérénade grandiose et inoubliable qu'ils exécutèrent.je n'en revenais pas et je pleurais de nouveau. Tout ce que j'avais aimé et qui m'avait aimé était là, tout autour de moi et m'ouvrait les bras. Tout était là, sous mes yeux, dans un parfait de l'existant inimaginable. Je vous aime, lançai-je à tout ce peuple bien aimé qui m'approchait et me saluait. Ce fut reçu cinq sur cinq et l'existence et la joie des retrouvailles s'amplifièrent, nous étions tout heureux, de la plus petite vie à la plus grande. Nous étions portés par cette allégresse du bonheur amplifié et régnant. C'en est même étourdissant ! Tout était là, tout ce que j'aimais et avais aimé, dont j'avais été séparé le coeur gros. J'étais dans mon domaine me fis savoir un de mes animaux qui m'indiqua qu'ici tout le monde est libre,libéré des contraintes matérielles , physiques,psychiques etc.. Il y fait toujours beau et il n'y a pas de querelles, ni de haine et méchanceté. C'est l'harmonie entre tous les éléments, ce qui nous donne ce monde grandiose. Je répétai à tout le monde : je vous aime ! Des voisins connus par le visage arrivèrent et m'expliquèrent la vie dans ce monde. Ils étaient accueillants, prévenants, remplis des forces de l'amour. Je pris conscience alors que j'avais franchi les portes de l'univers et que mon monde, dorénavant, était celui la ancré dans le bonheur. Inimaginable à l'intellect humain ! Cette perfection des formes, ces sentiments nobles portés dans la plénitude des expressions, cette absence de contrainte de la matière et du temps, et puis cette communication fine et éthérée transmise par la seule pensée font que nous n'avons qu'un pale aperçu de cet ensemble. Tout communique, de la plus petite vie à la plus grande. Tout vibre ensemble et le bonheur en jaillit. Bref, un état où l'âme ne regrette plus le grand passage et ne se retourne plus sur ses pas. Il fallait donc épouser désormais l'existence de ce monde qui nous libérait des nombreuses servitudes de l'ancien. Le plus merveilleux réside dans l'amour régnant comme une force invisible mais pénétrante et bienfaisance, entrainant avec elle cet état du bonheur immense. Nous ne nous posons plus de question dans cet univers et nous avons les réponses. Tout ceci devient léger, léger, bien plus léger que la plume. Il s'agit d'un monde de pureté des sentiments et il fait bénéficier toutes les vies de son immense dimension. Nous renaissons bien au sein d'un autre monde. Nous y avons rien amené, sauf notre âme et ses bagages. Mais, par quel miracle, avons-nous retrouvé notre environnement familier,nos bourgs,nos maisons , nos arbres,nos animaux aimés et préférés,nos semblables dans un monde simplement recréé pour nous. Et puis, je retrouvai mes Parents qui résidaient également dans leur propre environnement. Ils y ont trouvé la sérénité et la paix, l'existence semble à l'analyse éternelle. Etait-ce la vie éternelle ? C'est formidable et inimaginable sur Terre ! Un monde merveilleux, ordonné, paisible, lisible hors de toutes contraintes connues donne à l'âme l'impression d'une légèreté appréciée et libératrice sur tous les points. Je dois arrâter de raisonner, de penser,et me laisser porter par cet état du bonheur ,loin des sarcasmes vécus sur notre bonne vieille Terre. La convalescence de mon âme s'affirme et je voudrais m'enquérir de ce que devenaient les âmes des autres niveaux spirituels. Un guide spirituel proche du Père vint me voir et il m'accompagna dans la visite des autres échelons de ce monde. Il y avait une quantité impressionnante de mondes habités et d'univers créés. A partir d'un certain seuil, les niveaux les plus bas connaissaient une grisaille sans fin, vivant dans leur esprit un enfer quotidien. Nous y retrouvions certains ingrédients contenus sur la planète Terre,à savoir la méchanceté,la cruauté, la violence, la malhonnêteté, le vice, la jalousie,la veulerie,l'hypocrisie et j'en passe. Les âmes y résidant semblaient malheureuses et mon guide me dit qu'elles n'étaient là qu'épisodiquement, car notre Père les fait accéder aux niveaux supérieurs de cet état. Il me dit que chacun de nous pouvait venir les réconforter et leur rendre visite et que cela les aidait à s'élever spirituellement. Il fallait leur tendre la main.je décidai donc d'accepter une telle mission et je craignais néanmoins de, ne pas être à la hauteur, face aux âmes en difficulté. Vite, je m'aperçus qu'il n'en était rien et elles étaient contentes de la visite que je leur rendais. Cela permettait d'extérioriser leur vécu. C'était parfois très prenant et situé aux limites de la psychanalyse appliquée.

Il ne fallait pas qu'à mon tour, je me fasse corrompre et le danger est grand, en fréquentant les âmes en détresse ou dans le vice. Mais, quelle ne fut pas ma surprise de constater que certaines de ces âmes repoussées avaient atteint des niveaux jusque là impossibles à imaginer pour elles. Cela réjouissait mon esprit et j'ai vite compris qu'aider les autres à se réaliser est un magnifique dévouement.

L'idée de reprendre du service dans un monde animé et dynamique refit surface et je décidai de demander à Dieu la possibilité de m'incarner dans un nouveau monde. Il me fit savoir qu'il acceptait et qu'il fallait définir vers quel monde je m'orienterais. Il me dit également que je pourrais participer aux réveils des âmes en sommeil, en connaissant leurs particularités ; les relever de leur néant et les aider à s'incarner ou se réincarner dans les mondes matériels du vivant. J'acceptais cette dernière proposition et je rejoins un monde en pleine agitation, une organisation de l'incarnation. Ce collège était là avec ses musiciens, son chef d'orchestre et sa musique grandiose et vibratoire.Mon souhait était de participer à cette résurrection des âmes et des corps en les extirpant d'un néant aseptisé et de dimension réduit, où rien ne s'échappe. Il était d'un riche d'enseignement pour moi d'accéder à une telle organisation allant vers l'incarnation des âmes. Ainsi, il me serait donc permis de côtoyer notre Père dans ses oeuvres grandioses et uniques. Que ma participation soit admise, était le signe que je progressais sur la voie de l'élévation spirituelle. Je revins donc sur Terre et rien des capacités des âmes endormies ne m'était inconnu ou caché. Suivant les affinités et les valeurs induites et portées, ces âmes reprenaient vie et dans une grande surprise, elles reprenaient conscience de l'existant. J'en étais fier et je portais dorénavant une plus lourde responsabilité : extirper l'âme de son néant et faire en sorte qu'elle puisse se réincarner en faisant de nouveau un parcours. Certaines étaient très fatiguées et notre Père a besoin continuellement de leur donner les forces nécessaires à un parcours, sur une planète dont l'humanité ressemble et correspond point par point à leur valeur spirituelle. J'essaie de me rendre utile et mon activité me place désormais dans la communion avec le monde entier, dans son esprit global de l'universalité régnante et affirmée. Mais, je me dis qu'après avoir livré toutes mes possibilités, je pourrais m'incarner dans un monde proche ou sur notre bonne vieille Terre qui aura encore besoin de ses enfants pour progresser, évoluer, si les humains y ont laissé survivre la libre détermination des êtres. Il se peut qu'ils la condamnent et réfutent toutes les idées de l'autre monde, celui auquel j'appartiens actuellement. Notre Père m'apportera tous les renseignements sur le sujet et fera ma pré instruction pour que nous répétions l'histoire, le parcours qui nous affirme et nous éprouve. Et tout recommencera ici-bas de nouveau, la mission transmise, les données acquises, la matière et la biologie constructives s'affirmant et cette conscience de nouveau s'éveillant et s'activant. La dynamique du vivant est lancé, merveilleuse, fine éthérée et dans ce foirail ou cette arène, il faut se lancer pour raffermir notre esprit et cette âme de nouveau revigorée. Nous dirons donc : « A bientôt tous les bien aimés et Père miséricordieux, ne nous abandonne pas au sein de ces mondes où l'âpreté de la vie règne parfois sur l'esprit ».

31. OISEAUX DIVINS.

Le Rossignol.

En 1976, lors des nuits estivales, cet oiseau faisait monter vers le ciel un chant d'une mélodie atteignant le parfait dans les notes et l'on pouvait se demander d'où provenait un tel chant. C'était une véritable aubade qui nous était donné, vers trois ou quatre heures du matin, par ces nuits douces, légères, agréables d'été.

Tout l'été, sous nos fenêtres, ce Rossignol s'égosilla pour notre propre plaisir. Les oiseaux sont bien plus près de l'autre monde que nous et le matin, avec l'arrivée du jour, ils entament une sérénade incroyable, mais vraie toute tendue vers le ciel. C'est un hymne de reconnaissance à celui qui a créé le monde. Ecoutons les s'égosiller et chanter dès le petit jour ou à l'aurore pour remercier Dieu de faire un autre jour.

L'oiseau mystérieux

Je me souviens, qu'après mon incarnation et ma naissance physique, dans mes premiers temps, un oiseau m'accompagna.je ne peux vous dire aujourd'hui de quelle variété il s'agissait. En tout cas, je le rencontrais souvent, au début de ma venue ici-bas, puis un jour il disparut. Il m'apparaissait brutalement, comme tombé du néant, du vide et se matérialisait à ma vue soudainement. J'en ai le souvenir d'une réelle matérialisation. Puis, un jour, alors que nous communiquions mentalement et télépathiquement, il me fit savoir qu'il allait s'en aller pour toujours. J'eus de la peine, puis il disparut par le même phénomène que celui de ses apparitions, me laissant là avec mes interrogations. Qui était-il ? Une âme qui m'avait accompagné lors de mon voyage d'incarnation. Je le crois désormais et quand je regarde les oiseaux, je me dis qu'il existe bien un mystère sur leur nature même ! Je le vis présent dans les lieux où je séjournais et il disparaissait et réapparaissait.il était de couleur chatoyantes, belles et il semblait apprivoisé. Il était là et m'était fidèle, mais j'étais probablement le seul peut-être à me rendre compte de cette présence. Au bout d'un temps, analysé comme une semaine, ou tout au moins ce que j'en déduis, il disparut en me signifiant son au revoir dans un message télépathique. J'en ai gardé le souvenir et je n'ai pas rêvé car ma conscience était éveillée et mes sens très réactifs ; Qui était-il ? C'est encore pour moi un grand mystère. Ce que je sais également, c'est qu'au moment de mon incarnation une chouette était présente dans les environs et ses hululements répétés et joyeux m'interpellaient. Elle aussi, s'est effacée au bout d'un certain temps. Est-ce une coïncidence ? Pour les grecs elle représente la sagesse.

Je m'interroge également sur les hirondelles, car je me suis aperçu qu'elles volaient à des vitesses défiant toutes logiques, au point qu'elles s'effacent parfois de notre champ de vision, comme si elles passaient dans une autre dimension. Est-ce ma vue qui n'est pas assez rapide et se laisse surprendre ? Il est vrai que cet oiseau a bien pour nous des mystères et des secrets. Il entreprend de très grandes migrations entre le continent africain qu'il fréquente durant l'hiver et il migre vers notre continent européen au beau temps. C'est un signe de renouveau pour nous et son arrivée est synonyme de bonheur. Merveilleux petit oiseau qui a une sens poussé de l'orientation et une mémoire affirmée. Il revient chaque année nicher à l'endroit où sur les lieux où il est né.

La colombe est bien présente dans l'autre dimension et elle symbolise la paix. Elle transporte le rameau d'olivier. C'est un oiseau portant une forme d'intelligence remarquable. Parlons aussi du merle et sa présence parmi nous. Il aime fréquenter notre entourage et apparaît très social. Je citerai simplement la variété dite à Plastron, c'est-à-dire au poitrail blanc, laquelle est extrêmement rare, voire en voie d'extinction et qui s'avère être migratrice. Elle est de toute beauté et la nature sait nous monter sa magnificence dans sa conception.

Et puis, nommons également l'oiseau Lyre, magnifique oiseau doté d'une très longue queue et d'une robe possédant de superbes couleurs. Il fréquente certains continents tels l'Australie et l'Amérique du sud où les climats chauds sont pour lui un habitat préféré. Il est l'égérie du film « les oiseaux se cachent pour mourir » où Richard Chamberlain joue le rôle d'un éclésiastique tourmenté entre une vie d'homme avec ses plaisirs de la chair et une vie spirituelle au service de Dieu. Cet oiseau y représente la beauté et y dévoile son caractère secret et mystique.

J'en oublie certainement beaucoup d'autres près du saint des saints, loin de nos comportements d'homme prédateur. Ce sont des créatures nous accompagnant, mais parfois très mystérieuses et secrètes. En exemple, le cygne et sa magnificence sont les reflets de la beauté extérieure incarnée.

Les oies rejoignent ce comportement et la Terre est leur berceau où elles y voyagent tout autour sans cesse. Les différentes variétés de canards sauvages ou d'anatidés sont portées par un sens inné de l'orientation terrestre leur permettant de migrer vers des contrées différentes chaque jour. Ce sens de l'orientation, elles le possèdent naturellement et elles n'ont pas besoin du GPS pour voyager en toute fiabilité, sécurité et quiétude.

En modifiant les habitats, les paysages et les milieux naturels, nous contrarions grandement leurs comportements. Nous n'avons pas de complexe et nous dressons parfois avec nos éclairages puissants et variés permanents dans et autour des villes, des leurres qui troublent leurs sens des orientations migratrices universelles.

De nombreuses espèces migrent sous l'effet des saisons climatiques, pour trouver un milieu de vie meilleur. Nous les humains, nous ne les aidons pas favorablement et nous agissons comme si la nature et toute la Terre nous appartenait.Combien faudra-t-il de temps pour nous apercevoir que la beauté créative est parmi nous, nous environne et elle a besoin de notre grande compréhension et contemplation ?

En grandissant, je me documentais pour connaître quelle signification avait ces présences. Comme nous l'avons vu, la chouette est un oiseau reconnu par la civilisation grecque pour être l'oiseau de la sagesse.Elle était adorée et vénérée par sa seule présence. Mais, en d'autres lieux, elle représente l'esprit qui jette le trouble et le mauvais sort sur l'âme. Elle y est donc persécutée sans réels fondements que sa considération d'oiseau du malheur. Superstition humaine, quand tu nous teins !

L'oiseau en général a une grande importance dans les écrits et notamment ceux reliés à la Chrétienté. Il reflète la présence d'une âme accompagnatrice et il rend souvent grâce à Dieu pour sa Création bienfaisante.

En vieillissant et en atteignant ma jeune adolescence je devins plus turbulent. Comme beaucoup de gamins campagnards de mon époque, nous rêvions de chasse et à l'aide de lance-pierres fabriqués de toute pièce nous poursuivions les oiseaux en essayant de les tuer. Pour ma part, ce fut le Rouge-gorge qui se définissait comme ma cible ; Il faut que je lui demande pardon car la méchanceté et la cruauté que j'exerçais envers ce magnifique oiseau le torturait. Un jour, je relevais des écrits sur cette variété d'oiseaux, lesquels parlaient de lui avec son poitrail rouge. Ces textes ou écrits mystiques indiquaient qu'à cause de la souffrance faites par les hommes, il avait été crée ainsi pour nous rappeler qu'il était vulnérable parce que il aimait côtoyer l'homme dans son entourage immédiat.

J'en fus interloqué, car mon comportement, envers lui, était destructeur et négatif. J'étais plongé dans un monde où la sensibilité n'avait pas beaucoup de sens dans la finesse et la contemplation. Il fallait que je change d'attitude et d'habitudes au plus vite. Dorénavant, quand je le vois, je ne peux m'empêcher de penser à ma cruauté face à cette innocence des petites vies dont nous ne savons pas grand-chose. La présence de l'oiseau a donc une grande importance dans le monde mystique et probablement dans le contact avec l'autre dimension.

32. NOTRE AMI L'ARBRE ET SA SOCIETE.

Nous l'avons vu dans le préambule du livre, ce que nous mentionnait une très vieille croyance de l'Inde Ancienne. Elle m'interpelle et déclanche en moi une analyse, une synthèse et une réflexion à son sujet.

Tout d'abord, il faut savoir que votre auteur a été également serviteur au sein du Temple Sylvestre. Il y a appris énormément de choses sages en approchant ces arbres et leurs sociétés. Leur fréquentation introduit en nous beaucoup de richesses et cela finit par rendre notre esprit fertile en interrogations sur le pourquoi des choses de la vie. A ce sujet, je vais bientôt faire paraître un ouvrage intitulé « *La forêt dans tous ses états* » où je relate notamment les relations de l'homme avec l'arbre et sa société.

J'y émets l'hypothèse cosmique que l'arbre et l'homme sont frères et unis par le même destin au sein de l'univers. Pourquoi pareille affirmation ? Les deux vies, l'une inanimée et l'autre animée se confondent en allant de l'infiniment petit à l'infiniment grand. Lesquelles se situent dans le règne matériel et physique. Ils se dissolvent pour épouser le règne de l'invisible et ainsi voyager en pénétrant l'espace cosmique. En revanche, sur la Terre, ils sont dans l'exubérance et leur épanouissement physique s'affiche dans la plénitude. Nous devons savoir que le végétal, au tout début des temps, s'est formé sous formes unicellulaires tels les lichens, les mousses et les algues.Il a colonisé des espaces arides et inoccupés. L'évolution vers le multicellulaire nous a donné le ligneux et l'arbre en soi.

La société des arbres a préparé le berceau des vies animées et donc de l'humanité. C'est donc bien l'arbre qui possède l'acte originel de propriété de la Terre, au regard des autres espèces présentes. Il a une ascendance sur la vie animée en général. L'homme ne pourrait exister s'il ruinait la société des arbres sur Terre et il disparaîtrait. Alors, cet arbre, serait-il autre chose que du bois ? En analysant la pensée Indienne ancestrale, nous pouvons dire que oui, car il représente le passage obligé de toute vie pour circuler du Ciel vers la Terre et viceversa. Je m'explique. Nous avons vu qu'il se matérialisait dans l'inversion suivant le monde où l'on se trouve. La féminité attribuée à la Terre et la masculinité au Ciel nous indique le sens des voies. Le Ciel représentant l'espace spirituel dominant sur la fécondité physique terrestre.

Entre les deux Mondes réside la zone d'épanouissement des forces naturelles. A partir de la Terre, ce sont les forces naturelles de la mère qui domine et au Ciel se sont les spirituelles. L'arbre serait celui qui nous ouvre la porte d'entrée ou le sas entre les deux univers. En le franchissant, dans un sens ou bien un autre, nous nous transformons. Je parle ici des matières abstraites situées dans l'infiniment petit. Elles définissent soit le physique, soit le spirituel et le monde des âmes. C'est pour cette raison que les anges voient les arbres sous la forme inversée et considèrent les racines comme le houppier et sa feuillaison. L'analyse est curieuse et donne à l'arbre une autre dimension jusque là inconnue. Il serait, dans sa grande quintessence, ce que nous appelons la porte du ciel et des étoiles. Ce ne sont ici que des hypothèses, mais elles confirment bien la suprématie des végétaux sur la vie animée.

Ce que je peux dire, c'est qu'en des lieux se situent ces forces métaphysiques d'inversion et notamment exprimées par un mystère vécu concrètement par des humains, avec l'étrangeté des constatations faites dans le Triangle dit des Bermudes. En cela, il existe des rapports d'appréciation émis par des marins ou des pilotes d'avions ayant vécu ce phénomène. Ils décrivent cette inversion en déclarant que la référence entre la mer et le ciel s'effaçait pour faire apparaître l'inversion des mondes. Ces visions bouleverseraient toutes nos analyses sur la réalité affirmée des matérialisations auxquelles nous nous relions par notre cerveau et nos pensées. Beaucoup de ces visions ont été sans retour de la part de leurs auteurs et ils sont passés physiquement et matériellement dans une autre dimension à tout jamais. Mais pourquoi en ces lieux ? A mon humble avis, parce que sous l'océan se situe une immense forêt végétale composée d'algues géantes, lesquelles ont peut-être une telle capacité à modifier et ouvrir le champ des réalités de la matière. Mais, qui a pu faire analyser ces choses au peuple ancien des Indes ? C'est bien là le mystère de la vie que nous approchons de très près avec ces constatations. Et Dieu dans tout cela ? Je pense qu'il ne se situe pas très loin et c'est certainement la barrière entre le physique et le spirituel. Le Créateur ayant conçu ce sas afin de laisser au monde naturel toute sa possibilité d'expression à partir de ce lieu. Si nous entrons dans une explication rationnelle et cartésienne, le reste nous échappe dans l'analyse plus fine sur le grand voyage des âmes dans les deux sens. Ceci ne nous donne pas et ne nous ouvre pas pour autant toutes les clés du fonctionnement intime de la vie. Il permet d'en approcher plus finement certaines réalités. Quand nous voyons, nous contemplons un arbre, une forêt, une plante, nous devons y voir une autre expression que celle naturelle. L'arbre n'est donc pas que du bois, mais une interférence psychique entre les deux dimensions. A nous de considérer toutes ces approches pour qu'en finalité elles nous ouvrent un jour, la porte des compréhensions élargies sur la vie et ses fondements, situés bien au-delà de nos propres possibilités d'accès technologiques.

Le constat sur le phénomène inexpliqué des Bermudes que j'ai énoncé ci-dessus a été transmis par des humains avec l'usage de radios en voyant se dérouler ces événements. Physiquement, ils ne sont pas revenus de ce phénomène qui les a aspirés et emmenés vers des lieux non matérialisés et non identifiés. Nous devons en tirer toutes les conclusions possibles, utiles et nécessaires. Il y a certainement une part du constat qui appartient à l'imaginaire mais nous pouvons en dire : « Il n'y a pas de fumée sans feu ! ». C'est une vieille et sage déduction humaine ! Mais, revenons sagement vers notre réalité auprès de notre Terre mère.

33. ATLANTIDE : LEGENDE OU VERITE, MYTHE OU REALITE ?

D'après les textes du philosophe Platon, il y a 2500 ans aurait existé un peuple dont la civilisation était beaucoup plus développer que celles connues alors. Cette société résidait sur une île ou un continent dont personne, jusqu'à aujourd'hui, n'a pu localiser l'existence. Néanmoins, de nombreux chercheurs ont émis des hypothèses et avec le temps, l'existence matérielle d'un tel monde s'affirmerait. Mais, la question qui perdure est : l'auteur de cet écrit était-il sincère et objectif sur cette découverte, ou bien voulait-il nous démontrer les possibilités des futures civilisations ? Tout ceci est bien mystérieux et essayons d'y regarder de plus près.

Platon était un des plus grands philosophes Grecs et il aimait, par ses écrits, mettre en scène les sociétés humaines et leur devenir. Ainsi, il décrivit, avant l'heure, la République, la Démocratie et certaines avancées civilisatrices. A partir de cette thèse, il aurait pu, avec son imaginaire, nous décrire une société futuriste. Mais, d'où tenait-il de telles idées ? Cela est un grand mystère et il situait ce fameux continent dans l'atlantique, sur une île. Des chercheurs pensent l'avoir matérialisé dans les Caraïbes, au niveau des Bermudes. Vous allez me dire : encore là bas ? Eh bien oui, c'est une région qui semble porter un lourd passé. Ce continent très développé et avancé technologiquement et spirituellement aurait disparu, victime d'un tremblement de terre. Mais, selon les recherches entreprises, il s'avère que les Atlantes, c'est ainsi que l'on nommait les habitants, auraient eu les moyens de prévoir le cataclysme et organiser leur migration. Leurs secours étaient plus performants que les nôtres et ils s'étaient rendus maître des forces naturelles à l'aide d'un minéral très précieux issu d'autres mondes planétaires. Ils avaient en leur possession l'intelligence artificielle et des moyens de communication identiques aux nôtres, comme la télévision. Leur niveau de civilisation et de société était très évolué.devant le cataclysme qui se préparait, ils durent partir vers d'autres horizons et migrer en des pays éloignés. Comme le souligne jean Pierre Casgha dans son ouvrage « Les archives secrètes de l'Atlantide », cette civilisation possédait des comptoirs commerciaux, notamment en Amérique du Sud et en certains pays comme le sud ouest de la France. Mais, au juste, qui sont-ils et leur origine est-elle connue ? Les divers ouvrages mentionnent un peuple originaire d'une autre planète très éloignée de la Terre qui se serait installée ici-bas, après avoir fait un très grand voyage. Ils avaient essaimé de leur planète originelle située selon les documents dans des niveaux de civilisation très élevés. Il est sûr que leur technologie permettait de construire des vaisseaux spatiaux performants. Ils étaient également capables de reproduire l'énergie solaire et notamment le phénomène lumineux, et aussi de vivre en des lieux qui sont ténébreux pour nous. Les Atlantes connaissaient également dans leurs comportements sociaux des variations. Ils croyaient, pour une partie des populations aux forces spirituelles. Une autre partie niait cette possibilité et avait un comportement jouisseur et profiteur. Mais, ceux-là représentaient une minorité. Leur société était gouvernée par des sages et l'état démocratique ambiant se révélait actif et développé. Le peuple se prononçait constamment et sur tous les sujets de sa vie lors de débats. Les sages étaient d'un âge certain et ils servaient de guides moraux et spirituels au peuple. Mais, selon les auteurs, les Atlantes, devant leurs divisions philosophiques sur l'esprit et son évolution avec les conséquences induites se divisèrent profondément. Ils semblaient également être restés en contact avec leur premier monde original avec qui ils communiquaient soit par les ondes, soit par des engins spatiaux. Chez eux, comme au sein de notre civilisation, régnaient ces différentes visions d'approche de la vie individuelle et sociale. Pour ou contre l'émergence d'une philosophie portée par l'exploitation jouissive des temps présents, des hasards et de toutes les circonstances, opportunités, et une autre pensée laissant apparaître pour l'individu une forme de progression intellectuelle et spirituelle. Leurs origines et leur ancienneté avaient fortifiées cette dernière philosophie et désormais, les jouisseurs, profiteurs du moment présent étaient montrés du doigt. Pour eux, les sages n'avaient pas envisagé, dans leur action, une survie. L'affrontement philosophique était permanent au sein de cette société, mais déjà on savait vers quelle orientation il fallait se diriger. La philosophie de vie portant l'intellectuel et la spirituelle dans le concret vécu triomphait et établissait son organisation dans une survie face aux éléments futurs. Ils savaient, déjà à l'époque, que leur lieu de vie pouvait être bouleversé par des tremblements de terre. Ils prévoyaient ces évènements et donc leur survie sur d'autres territoires.

Quand cette période fut venue, les guides se rassemblèrent et convoquèrent leurs administrés. Divers plans de sauvetage furent envisagés, notamment par la mer et l'espace avec des vaisseaux. Mais, une partie de la population se sacrifia et elle mourut par les conséquences de ce cataclysme. Il semble que les individus furent sauvés en fonction de leur capacité philosophique d'atteindre et dessiner un futur. Enfin, tous ceux qui ne fermaient pas la marche du temps. Nous pouvons supposer aujourd'hui que cette civilisation se situe parmi nous, car elle a du, pour une grande partie, se mélanger aux humains présents à cette époque sur Terre. La question qui se pose est : « Pourquoi la merveilleuse technologie qui leur permettait de contrôler les éléments naturels n'a-t-elle pu maîtriser les tremblements de Terre et mouvements tectoniques ? Nous ne pouvons le dire, mais l'idée qu'ils étaient maîtres de tels éléments se révèle grandiose. Leurs capacités intellectuelles allaient bien au-delà des nôtres actuellement. Leurs descendants, car ils ont eu des enfants, sont certainement capables de nous montrer des voies civilisatrices nouvelles et fertiles. Il faut penser que les populations qui ont été évacuées par les mers sont parmi nous à travers leurs descendances. Celles orientées vers les vaisseaux spatiaux ont rejoint leur monde original ? Y a-t-il eu des contacts ensuite entre les différents mondes ? On peut le penser et pourquoi pas imaginer que ces individus et leur population continuent à communiquer ensemble.

Une autre voie de sauvegarde aurait existé selon différents écrits et une phalange des populations aurait été évacuée vers des mondes souterrains, très profonds, au sein des fosses abyssales. Des couloirs auraient été construits et la lumière solaire y serait reproduite fidèlement. Il pourrait donc exister un monde sous terre comme Jules Verne le suggérait.

Une chose est sûre, c'est qu'en ces lieux marins, dans la localisation supposée de ce continent, des mystères très importants subsistent et se manifestent de temps en temps. Ces endroits, situés au large des Bermudes, sont le siège de phénomènes encore inexpliqués par nos sciences. Il a été constaté le passage d'engins spatiaux très rapides qui pénètrent dans les eaux profondes de la mer. Ils ont été vus également lors de leur sortie dans l'atmosphère. Ils s'agissait de formes rondes ou sphériques très lumineuses voyageant à des vitesses défiant notre propre science.

Alors, Atlantes, Atlantide ou bien les signes d'imaginations individuelles et collectives actives, puissantes, s'orientant vers un état du mystère pour le glorifier ? Certes, ici se mélange l'histoire d'un continent disparu avec une civilisation élevée, épanouie ou déstructurée et un autre phénomène très mystérieux que sont les OVNIS.

Mais, regardons que veulent nous dire ces constats même, s'ils ont été inventés de toute part par l'homme il y a plus de 2500 ans. Le premier constat mentionne une civilisation très avancée en technologie régnante, même très loin au-delà de la nôtre ! Le deuxième constat relate le niveau philosophique de cette société Atlante, se partageant entre les pensées analytiques et comportementale du jouisseur et exploiteur et des niveaux spirituels développés. La dessus, on nous dit qu'il existerait une séparation de ces comportements lors de l'évolution. A ce sujet, nous nous comportons sensiblement sur les mêmes paramètres.

Le troisième constat nous indique un univers technologique puissant, avec une maîtrise des forces naturelles. Nous n'en sommes pas là, mais il est permis de croire que nous progresserons encore pour nous donner de telles possibilités.

Les autres mentions portent sur la présence actuelle de cette civilisation ; soit ayant régressé au rang d'éléments individuels se mélangeant au sein de nos populations, soit survivant et ayant organisé son univers, sous les mers, dans les grands couloirs abyssaux. Ainsi, la communication s'effectuerait vers nos civilisations et également vers la leur au sein de l'espace. Ils seraient, en soi, des formateurs dans l'univers, sans que nous nous en doutions. Apparaissent, ensuite, les mondes des objets volants non identifiés. Ceux-ci ont une réelle existence qui nous fait réfléchir profondément sur ce que nous sommes ? Ces engins pénètrent l'air et l'eau sans différences notoires. Il faut donc qu'ils proviennent de lieux où la technologie est très développée et différente de la nôtre. Peut-être sont-ils le point d'union entre un monde caché et un autre très lointain ? Dans leur résumé, ces constats voudraient nous dire que nous ne sommes pas seuls dans l'univers et que nous n'avons pas fini notre évolution de civilisations et de société. Cela nous montre que devant nous se situe encore pas mal d'échelons auxquels nous pouvons accéder. Améliorer notre société, travailler notre conscient et subconscient. Nous ouvrir aux forces spirituelles, progresser positivement dans nos systèmes technologiques. Tout ceci nous montre les formes d'une haute civilisation présente devant nous et sûrement accessible, à conditions que nous soyons capables de définir un futur. Même si Platon a voulu attirer notre attention sur une élévation possible des individus et leur civilisation, en créant un scénario du futur, il réside encore bien des mystères.

La localisation de ce continent qui serait les Bermudes ? La présence d'OVNIS en ces lieux précis que nous n'arrivons pas à expliquer ? Ces phénomènes mystérieux issus de ce que nous appelons le Triangle des Bermudes ? Et puis, nous l'avons vu avec les végétaux, ces similitudes constatées avec les idées d'inversion des mondes en un point précis permettant un passage entre deux dimensions ?

Beaucoup trop de mystères existent en ces lieux et le monde des Atlantes n'est peut-être pas que le fait de l'imaginaire et une vue de l'esprit. Il va au-delà dans sa dimension ! Les rapporteurs de tous ces faits n'ont pas rêvé et ils ont dû être profondément bouleversés devant ces analyses, même si elles ne sont que très partielles !

Puis, faisons une petite pose pour analyser ce que disait un auteur historien sur une civilisation ancienne, en l'occurrence le monde de Mue. Ce fut, selon les écrits, une civilisation qui aurait disparu, mais qui véhiculait un drôle de raisonnement de société.

L'homme aurait été amené sur la Terre uniquement dans le but de se reproduire et fournir un élément nourricier à un peuple anthropophage. Ainsi, ces extraterrestres pensaient venir nous chercher et nous consumer après que nous aurions rempli au maximum nos capacités d'accueil des territoires. Horrible philosophie et découverte effrayante, nous considérant comme du bétail. Mais, souvenons-nous comment nous traitons la plupart des autres espèces nous accompagnant icibas ? De cette façon, et nous ne devons pas en être fiers ! Alors, le raisonnement du monde de Mue serait-il justifié et pertinent ? Je ne le pense pas et nos exploiteurs ont du avoir des problèmes importants au sein de leur galaxie et ne peuvent peut-être plus nous visiter. Ouf, merci mon Dieu ! Nous l'avons échappé belle et je préfère penser au mondes des Atlantes et ses capacités immenses. D'ailleurs, faut-il voir dans ces analyses et hypothèses d'existence autre chose que l'imaginaire des hommes ? Je ne le crois pas, même si parfois nous retrouvons certains lieux précis dont le nom revient, comme si le monde était né en ces endroits précis. Bref, nous devons quand même regarder de très près toutes ces allégations pour en décortiquer les vérités induites. Nous n'y arrivons pas toujours et cela continue, au fil des siècles et millénaires à amplifier le mystère. Il faut savoir que certains hommes aiment plonger l'humanité dans les dédales de l'inexplicable et de la sophistication de l'histoire. Souvent, la réalité apparaît beaucoup plus simple et parfois bien moins sophistiquée. Nous avons tendance à rendre plus complexe de nombreuses visions comportementales des civilisations, alors que rien ne le définit ainsi.

Devons-nous pour autant nous interroger sur la sincérité de notre histoire humaine, telle qu'elle nous a été rapportée. Je pense que oui, mais cela ne remet pas en cause l'existence d'une autre dimension et de Dieu lui-même. Nous sommes toujours à la recherche de notre identité perdue sur cette Terre, comme si on nous l'avait dérobée. Au fil du temps, les réalités sur les vraies origines des hommes se sont perdues ou ont été transformées et manipulées pour répondre aux souhaits de certains individus dominateurs, calculateurs et exploiteurs. Ainsi, est née notre errance en la matière et notre soif de connaître notre vérité, même s'il est peut-être dur de devoir l'affronter.

34. SAINTE ROSE DE LIMA.

Sainte Péruvienne (1586-1617) Patronne de l'Amérique –Fête le 30 août.

C'était en 1977 et la Sainte qui régnait sur cette journée particulière était Sainte Rose de Lima. C'est ce dit jour que je fis vers deux ou trois heures du matin, mon voyage astral. Inconsciemment, j'ai cru qu'elle avait eu une influence sur la qualité de mon vécu astral lors de mon initiation à une autre dimension et ses richesses. Je crois fermement à cette possibilité et elle m'a sauvé de la maladie qui me rongeait, alors sans rémission, avec certainement une issue fatale.

Devant le manque de connaissance d'un virus, en France, à l'hôpital de la Pitié Salpetrière, où j'étais soigné, des professeurs des pays étrangers, qui échangeaient en matières professionnelles avec leurs collègues français, observèrent mon cas. Je devenais une attraction pour eux car on croyait tout connaître de la nature et sa réaction, notamment sur les virus, organisme unicellulaire. On ne savait pas tout, faute d'expériences enrichissantes.

Un beau jour, se présenta à mon chevet un homme d'un âge certain qui se déclara comme un professeur exerçant à Lima, au Pérou. Il devint scientifiquement très intéressant, car il ne tarissait pas d'explications techniques concernant le mal qui me rongeait, lequel atteignait selon lui, très souvent, les peuplades indiennes des Andes, au sein de leur forêt. Ce fut très instructif pour moi et pour les médecins qui s'occupaient de mon cas. Le but de mon explication est de vous montrer que la sainte du jour, lors de mon grand voyage astral, dans le couloir de lumière, fut Sainte Rose de Lima qui est une entité spirituelle de l'Amérique Centrale, du Sud et même du Nord aux Etats-Unis. Puis, ensuite, est arrivé ce médecin du Pérou, de Lima, également ne tarissant pas de renseignements sur ma maladie connue là-bas. Bref, coïncidence entre ces analyses ou orientations providentielles dues aux forces spirituelles ?

Après mon voyage astral et ce que j'y ai découvert, je pense de plus en plus que j'avais été pris en charge par une autre dimension. Cette dimension me faisait connaître les limites de la vie terrestres et où elle puisait ses forces.

C'est donc bien de Lima, au Pérou, que venaient mon salut et rémission organisée hors de nos dimensions et conscience active.

Quelque part, je bénéficiais d'un accompagnement de l'autre monde, car il n'était pas l'heure, comme je vous l'ai indiqué et décrit dans mon ouvrage « Nous sommes les Racines du Ciel » que je traverse la passerelle reliant les deux mondes, pour me fixer à tout jamais dans l'autre dimension.

Sainte Rose de Lima était pour moi inconnue et avec mes souvenirs, je me remémorai que dans mon adolescence, ce jour d'août m'apportait souvent des désagréments. Une fois ce fut un accident de vélo avec un camarade me brisant la clavicule.Ce même jour, d'une autre année, ce fut le heurt avec mon vélo d'une voiture. Encore une fois, ce fut une maladie qui m'atteignit ce dit jour. Si bien, que je me méfiais de cette période précise et sans être superticieux, il y a de quoi se poser certaines questions ? Donc, ce jour d'août 1977, je fus sauvé par cette Sainte, à sa façon et si elle protégeait l'Amérique, elle était là très près de moi et je n'en doute pas. Pourquoi Lima, alors que nous avons nos saints et références spirituelles ? Je ne peux l'expliquer, sauf peut être par un précédent vécu, dans un autre temps, en ces lieux magnifiques de l'Amérique du Sud ; Avais-je eu une personnalité remarquable sur certains points. Je ne puis le dire. J'aurai vécu une autre vie en ces endroits lors d'un précédent séjour terrestre et à cela j'y crois, car tout devient plus plausible. Aujourd'hui, j'analyse ce qui m'arrivait souvent au fils des années, mais en développant mon instruction sur les manifestations et signes de l'autre dimension, je compris que quelque chose ou quelqu'un cherchait à me communiquer un message. Mais, j'ai eu aussi l'impression que cet esprit allait vite et décidait pour moi car ce qui m'arrivait était pensé bien avant mon acte d'en prendre conscience. Tout allait vite et ne me laissait pas le temps de la réaction. J'en conclus que déjà, était à l'oeuvre sur moi, des forces dont je n'ai toujours pas bien compris l'essence.

Je vous l'ai expliqué plus avant, j'ai ressenti ce monde de l'esprit en certains cas et cela doit correspondre à un message, un contact, mais je déteste et je n'aime pas quand c'est dans un esprit supra rapide et dans le péremptoire me pétrifiant sur place et m'invitant à subir, plutôt qu'à maîtriser. Je vous l'ai indiqué, il faut nous méfier de ces esprits là, car ils ne nous veulent pas forcément du bien. J'ai ressenti cet accompagnement et je me demande si des faits que nous ne pouvons expliquer ne seraient pas de leurs responsabilités ?

On se servirait de nous pour s'amuser de nos avatars ? Il faut donc être prudent, car certains de nos comportements peuvent en être affectés. C'est pour cela que nous devons prier pour interpeller une force spirituelle bienfaisante, évoluée, respectueuse de notre libre arbitre. Il faut le savoir, ces esprits que j'ai décrits condamnent notre mental et au lieu de l'éclairer, l'ouvrir, ils le bafouent au point que nous entrons dans la soumission au fait accompli.

35. LES ANGES DE L'APOCALYPSE.

D'après les écrits d'un écrivain Gérard Bodson, suivant son ouvrage dénommé : « *Les secrets de l'Apocalypse* «, sept anges vont souffler sur le monde et l'humanité. Non pas, sept à la fois, mais chacun à tour de rôle, l'un après l'autre.Il est dit qu'ils souffleront de la trompette et l'humanité devra interpréter leurs messages. Mais, interprétons cette phrase et sa signification. Cela veut nous dire qu'à sept reprises des anges interviendront en lançant au monde, c'est-à-dire aux hommes, une vérité détenue par l'autre dimension, pour nous indiquer la voie à suivre. Nous ne les verrons pas apparaître dans une image se matérialisant dans le ciel, mais par l'affirmation d'une information spirituelle nouvelle révèlée à l'humanité générale. Ces anges, selon l'époque, vont s'incarner et ils délivreront, de leur dimension humaine, une vérité affirmée de l'autre monde. Ne nous attendons pas à une révélation tonitruante et spectaculaire venue de l'espace, nous faisant peur dans l'approche, mais d'une interpellation par des écrits ou des paroles transmises par l'intermédiaire des médias. A sept reprises, sept vérités sur la nature de l'humanité et les réalités humaines vont être divulguées. Ceci, pour corriger nos errements en matière d'évolution spirituelles et de la ou des civilisations en marche. A l'homme des les analyser, les comprendre et en tenir compte pour rectifier son comportement général. Ces anges, devenus humains, par la volonté de l'incarnation, vont attirer notre attention sur des points précis que notre Père à tous souhaite voir s'exprimer. Nous aurons le choix d'interprétation et de les rejeter, si elles ne nous conviennent pas. Ils vont essayer de nous aider à franchir un cap évolutif difficile. Si nous négligeons, après le septième message ces données, nous n'aurons que nos yeux pour pleurer. Que fera Dieu après ces actes ? Mystère, nous ne le savons pas ! L'Apocalypse n'est pas la fin des choses, mais la mise en ordre des forces spirituelles et l'émergence d'une nouvelle humanité. A-t-elle une connotation de souffrances des hommes et de destructions violentes partielles de l'humanité ? Je ne le crois pas, mais plutôt une influence sur le niveau spirituel des peuples, en les mettant sur des voies que parfois une partie de l'humanité réprouve. Elle est une ou des révélations, dans un sens donné et appliqué des vues de l'esprit laissée à l'âme humaine. Elle ne clôt pas le débat, mais tente de l'éclairer. Dans l'état actuel et le niveau de l'humanité, il est désormais difficile d'obtenir des changements comportementaux. Que décidera Dieu, suite à ces révélations ? Ce sera certainement un jugement d'observations sur les facettes réactives de la civilisation en marche. Dieu nous aime et Jésus nous l'a fait savoir. Il tentera une nouvelle fois, d'infléchir nos raisonnements sur l'existence de l'autre dimension. Le fait qu'il n'obtienne pas satisfaction, ne remet pas en cause nos existences. Désormais, nous nous considérons, pour une part de l'humanité, en dehors de toute emprise de pouvoir divin et des choix faits extérieurement à notre propre volonté. Si dans les temps passés, cette expression trouvait une écoute, notre évolution actuelle ne semble pas sensible à un tel discours. Dorénavant, nous voulons, pour croire, voir, analyser, palper pour en vérifier le sérieux. Ces messages vont faire cette cruelle expérience et il est possible qu'ils soient accueillis par l'indifférence totale et générale. J'ai amplement développé dans mon précédent ouvrage, le pourquoi de notre raisonnement actuel sur le sujet. Les messages transmis devront être plus explicatifs et plus parlant que ceux adressés aux peuples il y a plus de deux mille ans. Les civilisations étaient, alors, plus primaires et les cerveaux moins évolués sur de tels sujets. Ainsi, des manipulations mentales pouvaient avoir lieu, vu le niveau atteint. L'homme a raffermi sa croyance sur ces sujets et en a approfondi, pour une partie de l'humanité, les analyses.

36. SOUFFRANCE OU BONHEUR DE L'HUMANITE ?

L'humanité a-t-elle trouvé la voie d'un bonheur relatif ou une souffrance, une errance à la recherche d'une harmonie ? Nous pouvons analyser les deux sens et je dirai tout d'abord que notre progrès technologique, allié aux différentes recherches sur la biologie humaine a sensiblement crée et mis en place les conditions que nous soyons heureux. Bonheur réel et apprivoisé définitivement ancré ou bien éphémère ? Je le décrirais, dans mon approche compréhensive comme très relatif et obtenu par une jouissance matériel puissante et dominatrice. L'argent possédé y est dominateur et si nous en avons, il contribue grandement à obtenir et jouir de ce bonheur attendu, espéré et désiré. Mais quelle est sa qualité ? Nous l'analyserons comme passager et péremptoire car il a fixé des conditions et son temps d'existence. Mais, fallait-il que nos civilisations reçoivent cette récompense pour ses efforts constants ? Il est certain qu'il y a un peu de cela ! Mais, va-t-il un jour s'effacer pour nous plonger dans une réalité existentielle plus difficile et moins appréhendable mentalement ? Nous n'en savons rien, mais le fait qu'il soit basé sur le matérialisme ambiant nous éloigne sensiblement d'une fixation dans la durée et l'élévation dont ont besoin les esprits.

L'autre facette nous montre un monde en souffrance, où le partage du bonheur matérialiste n'est pas entré dans son partage espéré. Trop de populations terrestres sont laissées hors de cet accès et pire, elles se font exploiter par les prédateurs exploiteurs de toutes matières enrichissantes. Cela introduit grandement l'idée et le vécu d'une souffrance, où notre inégalité sur le sens du partage s'y développe. Nous sommes ainsi plongés dans des temps où la souffrance et l'in équité grandissent de jour en jour. Nous n'arrivons plus à organiser notre monde spirituel et nous avons l'âme en peine, à la recherche permanente de cette élévation nécessaire et obligatoire.

Il nous faudra corriger l'orientation, si nous ne voulons par voir l'accès aux civilisations plus développées, nous échapper et s'anéantir par les forces du néant et du chaos qui nous menacent sans cesse. Alors, sommes-nous sur l'ascension ou sur le déclin ? Je dirai que nous avons atteint notre apogée et maintenant un autre danger nous menace : c'est la perte de nos repères démocratiques que nous avions mis en place. Progressivement, pour perpétuer nos avancées civilisatrices matérialistes nous entrons dans un monde où la discipline devient obligatoire en niant l'esprit de liberté. Cette liberté, si chèrement acquise vacille sous l'effet de nos décisions péremptoires et sectaires. Nous raffermissons sensiblement le caractère de toutes nos disciplines et imperceptiblement, mais sûrement, nous entrons dans un monde d'un nouvel esprit. Certains diront que nous sommes désormais trop nombreux et que la liberté a de grands défauts. Pourtant, nous l'aimions et nous l'aimons encore cette liberté qui nous rend respectueux dans les grands fondements hors de l'aliénation de tous nos esprits. L'humain a besoin de ces conditions pour solidifier son existence, mais il nous faut également acquérir le sens des permissivités entre nous, pour y projeter notre espoir constructif d'un futur prometteur. C'est en confortant notre esprit de liberté, en le rendant plus intelligent et développé que nous pourrons solidifier son règne. Nous avons du mal à le comprendre ainsi et souvent nous nous retournons vers l'autre pour l'accuser de tous nos maux. Il est pourtant celui que nous aimons comme un frère et avec qui très fraternellement nous supportons notre destinée. Il nous faut redonner un sens et une profondeur à l'amour régnant dans sa plus grande dimension. C'est le sentiment qui règne sur nous tous dans sa grande plénitude et demain nous devons envisager sa fortification entre les êtres. Ne plus nous affronter constamment dans une vie faîte de rapports conflictuels et opposés, voilà vers où nous devons tendre à faire nos efforts. Après avoir obtenu ce bonheur matérialiste de qualité limitée, nous devrons consolider nos relations par les sentiments nobles et affirmés.

37. SODOME ET GOMORRHE ET LA VERTU !

Les textes sacrés nous expliquent comment deux villes soumises à la dépravation morale ont fait l'objet d'une destruction par Dieu. Pourquoi a-t-il fallu pareil châtiment des êtres tombés dans la luxure et les moeurs débridées ? Cette humanité régnante avait transformé ces cités en lieux où les individus se livraient au commerce du sexe, mais aussi à des actes que la nature organisée réprouve. Cette nature qui nous donne les attributs de la reproduction était détournée de son sens profond. Les hommes et les femmes copulaient sans retenues, ni principe de fidélité, loyauté et bon sens. Des orgies se déroulaient en grand nombre et toutes les sociétés de ces cités étaient perverties par cette libération excentrique de la moralité. Toute la population semblait atteinte par un tel phénomène. Dieu y envoya ses émissaires afin d'observer discrètement la vie intérieur qui s'y déroulait. Tout semblait consommer et de la vertu et la pudeur, il n'en restait rien ; Dépravation et luxure étaient les maîtres mots de ce constat. Etait-il tolérable de laisser se propager de pareilles moeurs ? Dieu jugea que non et il décida de détruire les deux cités. Cette destruction divine fut redoutable et les hommes et les femmes y séjournant subirent le châtiment. Cette punition au rang des plus terribles s'abattit sur ces villes. L'arme employée est encore, aujourd'hui inconnue de nos sciences. Les humains furent pétrifiés et transformés, en quelques fractions de seconde, en pierre. Les corps se minéralisèrent brutalement et les vies animées se sont transformées. La chair exultante se solidifia en se minéralisant, ce qui fut terrible. De corps composés de chair, tout se fixa irrémédiablement dans le minéral en pétrifiant l'existence même. Dieu demanda à ses observateurs encore présents en ces lieux de ne point dévier leur visage et leur champ de vision d'une ligne fuyant le regard de ces mondes. Après avoir obéît aux consignes données par le Créateur, ils quittèrent un à un, les villes laissant le souffle actif de la minéralisation s'opérer. Nous ne connaissons pas aujourd'hui, une telle arme et sa puissance est alliée aux forces naturelles universelles et leurs diverses transformations. Cette destruction avait valeur de symbole pour une humanité en plein développement, car il s'agissait d'un avertissement puissant donné à l'homme dévoyé. En avons-nous tirer les leçons et modifié nos comportements pour que pareilles moeurs ne répètent ce constat ? Personnellement, je ne pense pas et le plaisir des sens rend l'homme toujours attiré par la déviance sexuel et ses comportements pervers. Nous retrouvons la sodomie régnante dans certains groupes sociaux. Les orgies ou l'amour physique en groupe sont redevues à la mode. L'ordre naturel et le sens donné aux sexes sont transgressés et parfois bafoués.Ce plaisir devient un dû pour l'humain qui lui donne un sens dans la vie. La jouissance des sens représente pour certains êtres une atténuation des misères quotidiennes, en pratiquant de telles moeurs, ce qui bafoue grandement le sens reproductif originel.

Regardons les autres espèces comment elles utilisent cet organe reproductif ? Elles n'ont, pour la plupart, des rapports sexuels qu'au moment précis qui correspond à une possible reproduction. C'est à cette période, qui correspond avec la fécondité que la femelle organise ce contact. Autrement, il n'existe pas. Donc, c'est une première constatation. Il semble, et je dis bien semble, que l'homme ait développé un sens continu à cette pratique. Probablement que cela remonte aux temps préhistoriques et primitifs, mais depuis ces temps là ce réveil des sens fonctionnels et jouisseurs s'est fortement développé. Le singe, en général, un de nos proches cousins, a également un tel comportement. Si nous avions gardé un comportement original, nous n'aurions de rapport qu'une fois par mois, au moment précis des jours féconds de nos compagnes. Certaines espèces ne sont fécondes qu'une fois l'an et je crois qu'il en existe qu'une fois dans leur vie seulement.

A y regarder de plus près, nous voyons que l'affaire n'est pas si simple et elle se relie directement au grand monde organisationnel de la Nature régnante. Chaque individu, reçoit en lui-même, au moment de sa formation prénatale, un potentiel du désir reproductif et de cette attirance sexuel variable suivant les êtres. Ainsi, en imagé, nous pouvons dire que la nature instille sa petite dose en notre corps pour que le moment venu, nous soyons éveillés sur la chose et nous nous émancipions. Mais, attention, la dose n'est pas la même pour chaque être et cela connaît différentes intensités. Cela va du désir très faible, pour aller vers un désir puissant entrainant parfois des dérapages en la matière. Nous subissons donc, dans un premier temps une formation donnée par la nature elle-même. Cette même nature, parfois généreuse, y met sa petite touche et ses propres repères en y inventant la virginité. Ainsi, cet état comporte l'existence d'une membrane qui ne doit pas être rompue, sauf avec l'accord et la volonté affirmée de l'homme ou de la femme. Il s'agit de comprendre que la nature ellemême et la création, mettent un repère, semblable aux systèmes plombés qu'inventent les humains. Pour les utiliser et y accéder, il faut faire sauter le ou ce verrou. En effaçant cette marque, lors de leurs premiers rapports les femmes et les hommes effacent et font disparaître ce repère naturel originel. Ainsi, la fonction dévolue à ces organes peut entrer dans son concret actif.

Mais, pourquoi, il y avait-il un repère sur cette fonction ? Ce que je crois, c'est que la nature est plus puissante sur nous que nous l'imaginons et c'est elle qui organise le sens reproductif. Elle y place ses ingrédients pour que l'espèce adhère au grand sens reproductif universel et terrestre. Le Créateur, dans sa grande conception de nos anatomies, a voulu y placer un repère pour signifier où se trouvait la vertu. Eh oui, c'est un mot que nous ne prononçons pas souvent, mais qui a ses racines dans des sentiments nobles et puissants. Ainsi notre concepteur plaçait son repère en agissant sur le monde naturel luimême et en lui demandant de créer ce que nous appelons l'hymen. Pour certaines religions, les femmes doivent arriver dans un état de virginité absolue à leur mariage et parfois l'homme également. Ce qui est certainement plus difficile, car la nature masculine se trouve plus enclin à utiliser le système. En général, la vertu veut que nous nous réservions pour celui ou celle que l'on aime et en général pour notre espèce le rapport est d'un masculin pour un féminin. Déjà, nous voyons l'orientation des fonctions ! Certains peuples, eux, considèrent l'homme comme bigame et non monogame. Cela entraîne à prendre au sein de leur foyer plusieurs femmes comme les harems moyens orientaux ou certaines ethnies africaines. Le dosage correct semble être d'un pour une.

Après la consommation de l'acte, et l'effacement du repère originel, le sens de la fidélité des deux êtres doit se développer. Les deux partenaires se doivent le respect et ainsi avoir des rapports avec d'autres partenaires est une offense à la vertu et aux moeurs. Là, ce sont les sens moraux intérieurs portés par l'être qui s'expriment. Mais notre Créateur a laissé libre les humains sur ces matières et parfois nous voyons d'éternels insatisfaits toujours à la recherche d'un ou d'une autre partenaire.

Pour toute l'humanité, la vertu a un grand sens et elle est l'expression de celui qui nous a créés en plaçant ses repères pour notre esprit et notre âme.

En la matière, il fallait bien fixer certaines règles à l'espèce humaine. Mais, ne l'oublions pas que pour les autres espèces pareils repères existent et nous ne sommes pas les seuls à être constitués de cette manière. Mais, la conscience de ce que nous appelons la vertu entraîne des individus vers des excès et la femme, à ce petit jeu, s'y retrouve souvent prisonnière. L'homme macho est parfois un affreux personnage et il pense que pour sa compagne, sa partenaire lui appartient. Si la fidélité existe et a ses repères moraux, c'est dans l'acceptation de la libre détermination de l'individu lui-même. L'homme, en singularisant la virginité obligatoire de la femme pour le mariage, en oubliait son propre comportement avec qui il prenait ses aises. La contrainte est toujours pour l'autre ! Drôle de jeu et si le dévergondage est néfaste et moralement condamné, le sectarisme et le péremptoire en la matière ne sont pas de mise.

Certains peuples, avec certaines religions, vont encore plus loin, car ils considèrent la beauté et la féminité comme secrètes. Aussi, les jeunes filles et les femmes doivent se recouvrir de longues robes et leurs visages voilés ainsi que les cheveux dissimulés. La jeune fille et la femme ne se révèlent qu'à leur bien aimé et elles sont en soi prisonnières de ces coutumes qui considèrent la féminité comme possession du masculin. C'est une variante de ce que nous voyons dans les comportements au sein de l'humanité.

Nous, les peuples occidentaux, ne comprenons pas de tels comportements, mais seulement ceux qui nous sont propres. Nous sommes en général monogames et la féminité peut s'exprimer dans sa plénitude. La beauté extérieure n'est pas secrète et cachée.Elle n'est pas outrageante, mais elle se définit comme flatteuse et réjouissante pour qui sait la regarder, l'admirer, la contempler. Mais attention, ce n'est pas une marchandise et la femme un objet offert à l'homme comme si ce dernier faisait son marché et sachons analyser nos comportements. Les moyen-orientaux, sont eux, en grande partie des monogames, mais parfois aussi bigames avec des harems. Le masculin semble posséder beaucoup de droit sur le féminin. La femme portant la beauté doit la dissimuler pour l'afficher dans l'intimité d'un homme, celui pour qui elle se réserve. Nous voyons qu'ici, les repères mentaux vont très loin et ils dépassent ceux fixés par la nature. Les africains également ont tendance à s'afficher avec plusieurs femmes et ils ont un foyer dans différentes cases. Ils sont donc bigames. En général, la grande règle pour l'homo sapiens, c'est la monogamie et la polygamie est une exception. A ce petit jeu de la sexualité, les échanges entre humains sont parfois tumultueux. L'entente entre le masculin et le féminin semble difficilement réalisable. Sauf, que les sentiments d'amour régnant adoucissent toutes les approches pour les rendre attrayantes, supportables et consensuelles.

Alors, la vertu qui s'exprime dans sa grandeur doit céder la place au plus noble des sentiments : l'amour vrai et immense recouvrant les vies animées de son grand voile. Les couples ainsi créés engendrent leur descendance et vieillissent paisiblement, fidèlement et moralement sur l'échelle du temps. Cette vertu leur a permis d'avoir des enfants et ainsi la fonction atteint sa plénitude. La satisfaction d'avoir rempli son rôle s'affiche et peut à son tour exulter. Voilà, à mon avis, les principaux atouts des fonctions ayant attrait à la sexualité. Mais, vous allez me dire, il y a le plaisir des sens ? Ah oui, je n'en ai pas parlé car il semble naturel dès que l'on touche à ces fonctions que les sens se réveillent et s'étourdissent dans un état second de l'être en lui ouvrant une porte sur ce que nous pouvons appeler un petit bonheur ou le septième ciel ! Cela en comble plus d'un et plus d'une des avatars de la vie courante. C'est donc une forme d'accès à un bonheur transmis par la chair. Serait-ce péché que de faire vibrer ainsi notre corps ? Oui et non ! Dans un couple formé et ayant engendré descendance, il est permis dans la fidélité d'avoir de tels plaisirs. Mais pour les êtres individualisés cela se révèle plus difficile et moins matérialisable sur l'échelle morale. Mais tout ceci est dans l'ordre des choses naturelles et il faut savoir, comme en toute chose, en profiter raisonnablement et dans la sagesse mentale et morale.

Les serviteurs de Dieu, eux s'imposent souvent le voeu de chasteté et ils se privent des plaisirs de la chair. C'est une forme d'abstinence qui si elle est admirable dans la volonté face à des forces qui parfois nous dominent et nous subjuguent, nous ne devons pas oublier qu'elles sont la dynamique du monde. La vertu totale et affirmée en la matière est difficile, parfois impossible car le corps de chair à ses exigences que la nature a placé par doses non distillées, en notre intérieur et elles influencent notre mental. Pouvoir résister à ces appels réside dans la force morale et spirituelle et n'est pas à la portée de tout un chacun. Dans la marche dynamique expressionnelle anatomique humaine, nous sautons ainsi un échelon, celui relié à la chair et la nature, pour en finalité nous réfugier dans la dimension spirituelle. Pour les serviteurs de Dieu, ceci est envisageable, mais pour les autres, on peut assimiler ce comportement à une frilosité face au règne affirmé de la vie. C'est aussi un choix fort respectable car chacun de nous est libre en la matière et doit être respecté. La virginité est un état et certaines âmes s'y plaisent, mais elles oublient facilement le sens donné ici-bas

à la vie profonde et elles veulent souvent interférer avec le comportement de leurs semblables pour leur dire qu'ils ont tort d'agir ainsi. Savoir ne pas toucher au règne de la chair est un grand combat qui grandit l'âme, la raffermit, mais l'isole. Cela rejoint une certaine appréhension, une peur des choses de la vie et la frilosité, le manque de courage ne grandissent pas forcément l'humain. Nous devons en éprouver la dynamique, car c'est elle qui façonne notre âme et renforce son potentiel et ses possibilités d'accéder aux différents échelons spirituels. C'est un domaine important dans la vie humaine qu'il faut aborder avec pudeur. Cette pudeur, ce sentiment qui met un retrait entre l'existence des réalités créées et notre sensibilité. Nous devons être capable de la comprendre et ne point la frustrer car elle a investi en nous et elle nous protège de nos excès.

J'espère ne pas vous avoir offensés en abordant un tel sujet, mais je crois que nous devons être capables d'écrire et de communiquer sur tous les sujets et mêmes les plus secrets et intimes. Par exemple, je n'ai pas abordé la prostitution, acte par lequel les hommes et les femmes vendent leur corps et leur vertu au plus offrant, comme une marchandise. Là se situe bien une déviance entrainant l'humain vers des pentes glissantes. Mais, comme l'a dit Jésus, ne jetons pas la pierre et ne condamnons pas la prostituée pour autant. Les textes sacrés disent que pour l'homme, en faire son épouse, avoir descendance, c'est vaincre cet état premier de dépravation et réhabiliter l'esprit et l'âme. Il est donc conseillé à l'humain d'aller chercher les âmes égarées et en péril, au fond de leurs ténèbres, pour les racheter. Je crois en ces possibilités et nous le voyons, ce monde situé en dessous de la ceinture est dérangeant par pudeur, mais aussi contraignant pour l'esprit et l'âme. Il nous faut trouver la bonne route pour équilibrer nos vies. Non, je ne crois pas que nous subirons de nouveau les effets de Sodome et Gomorrhe, car l'humain a évolué et si certaines poches ne se résorbent pas, elles n'atteignent pas une importance considérable pour la morale. Désormais, quand l'humain dérape, il ne le fait pas inconsciemment, mais dans la volonté même. N'oublions pas que la destruction de ces deux cités de la dépravation est un avertissement donné par Dieu à l'humanité sur le sujet que je viens d'évoquer. Il fallait bien l'aborder et sans fausses pudeurs, y relier nos moeurs, nos habitudes et regarder qu'elles sont leurs influences sur le règne spirituel. Comme je l'ai mentionné, si cet acte définit une dynamique de ce monde en en ouvrant la fenêtre, il est sur que le Créateur apprécie moyennement cette existence. Si, au contraire, nous le prenons pour un grand mouvement universel et sa dynamique, nous pouvons être absout de nos écarts. A l'origine, comment cette conception de l'humanité était-elle perçue ainsi que sa perpétuation sur l'échelle du temps par notre Créateur ? Cette fenêtre que nous avons ouvert au temps, était-elle de la volonté divine ou accidentelle de par notre propre curiosité en touchant à certains points interdits de notre anatomie ; Et ceci après que nous ayons eu conscience de notre corps ! Va savoir, comme l'on dit couramment et seul Dieu peut nous le dire et nous l'expliquer plus précisément. Mais pourquoi Dieu aurait-il inventé la virginité, la vertu et la pudeur ? Voilà la question qui recadre mes propos et fait que nous prenons conscience de notre propre existence et ses subtilités.

Sur ces matières, il existe un pardon qui s'exprime avec l'effacement du règne de la chair, à condition que nous ne soyons pas allés trop loin en offensant l'autre. Là, c'est du domaine de la justice divine de se prononcer et elle sera juste, sereine, mais implacable. Faisons, attention à nos comportements avec une petite dose mesurée de pudeur et une autre attachée à la vertu. Ainsi, nous éviterons de courroucer Dieu et nous mettre dans des situations inextricables. Je sais, les hommes accordent une grande importance à cet égard qu'après avoir consommé l'acte et en avoir usé immodérément. A ce moment précis, ils reviennent vers une réalité plus saine et moins influencée par les puissances du sexe. Je dirai que si nous sommes là aujourd'hui, c'est que nos ascendants ont bien consommé cet acte en nous ouvrant cette fenêtre sur ce monde rempli de ses certitudes, mais également de ses doutes et interrogations.

38. TRIBUNAL DE L'HISTOIRE HUMAINE SIEGEANT EN PERMANENCE DANS LA DIMENSION SPIRITUELLE.

Dans les différentes philosophies régnantes humaines, rien n'est ici définitif et parfois elles s'interfèrent car il se peut que l'agnostique rejoigne le croyant et vice-versa. Nous le voyons, rien ne semble bien déterminé dans le mental des hommes.

Pour Dieu, est-il important de croire en sa présence pour sauver son âme ? Oui, je pense qu'il faut croire en son existence pour organiser spirituellement le grand passage entre les mondes. Mais, il apparaît également que notre Père Eternel ne rejette pas les autres âmes, car il en connaît les valeurs et elles ont droit à un repêchage si l'on peut dire. Ne nous voilons pas la face, car il s'avère qu'il s'agit de philosophies s'opposant situées dans l'épicurien, le jouisseur, l'exploiteur etc. Dieu n'a peut être pas envie de leur donner une sauvegarde entrainant un prolongement, voire une affirmation de leur comportement. il est fort possible que certaines de ces âmes se voient pardonner leurs actions passées et ainsi renouvelé leur possibilité de réinsertions en une nouvelle vie. Pour les autres âmes de ces mêmes philosophies, elles s'endorment après la vie dans un monde sans existence, c'est à dire le néant et elles n'ont plus de conscience de leur réalité. Elles vivent jusqu'à leur terme, leur propre philosophie qui nie un prolongement et un éveil de l'âme.

Au moment de passer dans l'autre monde, elles ne peuvent y être accueillies car elles n'ont pas forgé, ici-bas, un sens de la survie. Elles sont emportées par le néant où se dissout toute chose non portée par l'esprit. Qu'en est-il au moment d'une réincarnation nouvelle ? En ont-elles les possibilités ? Ici, nous touchons à la volonté de Dieu qui est une et indivisible. Il ne peut construire une dynamique de l'humanité avec des âmes refusant de faire confiance à l'émergence d'un futur. En tout cas fortement imprégné des forces négatives niant les évidences d'un futur en construction permanente. Alors, je pense que Dieu ne les réveille pas et il les laisse dans le grand sommeil. Elles ne sont donc plus invitées à l'éveil des consciences sur le monde et à devenir actrices de leur destinée. Notre Créateur repêche un certain nombre de ces âmes pour leur redonner leur chance et ainsi elles se rachètent. Il agit par amour, bonté, compassion, miséricorde et magnanime entrainant un pardon. Quand Jésus dit qu'il est venu dans notre monde car notre Père Spirituel commun lui a demandé de veiller sur les âmes afin qu'aucune ne soit perdue, nous entrevoyons bien la philosophie et l'immense capacité magnanime de Dieu. Toutefois, pour bâtir et assurer une dynamique des mondes, il faut des esprits capables de porter ce lendemain et de le faire émerger des limbes Donc, je le dis ici, le profiteur, le jouisseur de toutes choses, l'exploiteur irraisonnable de toutes matières ne se voient, pour une grande partie d'entre-eux, renouvelé leur contrat si l'on peut dire et ils n'ont pas ou peu de salut de l'âme.

Je dirai qu'une autre thèse peut s'ouvrir, mais elle semble moins plausible. Dieu laisserait les hommes définir, comme bon leur semble, leur philosophie et leur sens donné à la vie et aux sociétés. Ainsi, les âmes sans potentiel d'analyse d'une autre dimension spirituelles, s'incarneraient. L'humain, déclanchant, de par la conception d'un enfant, l'émergence d'une nouvelle âme qui ne ferait plus aucun prolongement de la vie après la mort. Tout deviendrait automatique et sans conscience.Cela répondrait à un simple mouvement naturel. En résumé, Dieu aurait abandonné à elle-même l'humanité, et à sa propre destiné pour qu'elle construise son monde sans prolongement. Un jour, un mystique disait que les âmes du purgatoire étaient parfois libérées pour s'extérioriser et l'oreille avertie pouvait entendre leurs gémissements ou plaintes lancinantes et dérangeantes à travers les bruits du vent. Je comprends le sens donné à ces paroles et je crois fermement aux souffrances de l'âme. Elles sont bien plus terribles que celles du physique. Elles sont malheureuses, elles souffrent et seules les charitables et les plus élevées peuvent venir les aider à abréger leur dure souffrance. Il faut se dire également que l'âme, avec son esprit en éveil permanent n'a peut-être pas pouvoir pour s'endormir dans le néant et elle doit assumer sa condition. Rien n'est donc si futile et l'éveil de cette conscience peut se révéler nécessaire sur plusieurs siècles ou plusieurs millénaires. Si dans ce bas monde, nous respectons nos croyances et nos non-croyances, cela n'entraîne pas pour autant des conséquences avec une souffrance de l'esprit. Ce n'est que dans l'autre dimension que cela se révèle, car la nature des deux mondes est bien différente. Nous pourrions dire également qu'un certain nombre d'âmes se repentent et elles acquièrent un salut. Celles qui s'entêtent, s'arque boutent, s'obstinent vers une philosophie sans lendemain en entrant dans le jeu du sectarisme et du péremptoire, ne voient pas leur engagement futur renouvelé.

Comme je le mentionnais plus avant, qu'au lieu d'être dissoute au sein du néant, Dieu permet à ces âmes de construire leur propre monde, à leur propre image, sur la base de leurs valeurs. Ainsi, naîtraient des mondes niant toute existence des forces métaphysiques. Ces mondes n'auraient de consistance que dans leur analyse présente du moment ou la période vécue en ne vivifiant que le temps présent. Cette vision comportementale et philosophique de l'esprit semble être une grande réalité car notre Terre et son humanité affichent parfois ce sens singulier. L'homme doit réinventer le monde et porter à bout de bras tous les éléments de son environnement en passant par le savoir, la connaissance, les sciences.De plus en plus, cette réalité s'affirme et nous entrerions dans cette dimension comportementale décrite plus avant qu'il ne nous faudrait pas nous étonner. Nous avons perdu beaucoup de sentiments nobles et nous perdons chaque jour une once de la sagesse. Demain ce sera l'amour et après la bonté qui est en grande partie réduite. Tous les sentiments humanistes s'effacent au fil des générations qui éclosent et s'installent. La réalité et le monde deviennent plus durs, plus aseptisés pour l'humain. La rugosité de la vie ambiante nous atteint et notre fébrilité nous le confirme. Nous stressons car l'invivable est en train de se construire sous nos yeux et malgré nous. Nous ne voulons pas le voir et nous dévions nos visions vers les mondes de l'argent et des pouvoirs pour nous consoler.

Nous aurons à nous déterminer sur notre philosophie ambiante civilisatrice avant longtemps car nous sommes sur des paramètres trop courts, voire si réduits qu'un avenir ne peut s'enclencher et se définir. Ces sujets sont des absolus et l'homme n'a pas plus grands problèmes que ceux reliés aux forces de l'esprit et la survie de son âme. Ils sont essentiels et primordiaux. Sans cette évolution, la fin des choses s'affirmera et deviendra réalité. Comme au sein de la nature, une sélection s'opère sur certaines espèces, laquelle est inévitable. Nous allons connaître les mêmes données avec nos âmes et leur avenir.

L'humanité entière s'affrontant dans un combat sourd et sans merci, dans une lutte philosophique niant ou affirmant l'existence d'une dimension métaphysique. Cette lutte intestine va déterminer notre lendemain et la façon de voir, imaginer le monde comme abouti, consommable, exploitable à outrance dans la période présente et cela entraîne irrémédiablement notre propre disparition. Ici, le futur et émergence d'un avenir vont s'opposer et se fortifier pour assurer ou négliger cette construction. Dans cet affrontement d'oeil pour oeil et dent pour dent, la rudesse et l'âpreté des vies s'affirment et on ne pourra durer sur l'échelle du temps. Il nous appartient, maintenant, dans l'urgence caractérisée d'essayer de convaincre ce monde des philosophies agnostiques de se convertir ou tout au moins s'effacer et devenir neutre. Sans cela, nous serions réduits sur la Terre, pour son humanité dynamique, à un jugement entrainant condamnation.

Sur ce sujet, y a-t-il un tribunal de l'histoire humaine siégeant depuis le début des temps ? Certains vous diront que la justice et celle des hommes et il n'y en a pas d'autres. Moi, je vous le dis, il existe une justice divine qui est parfaite et sans appel. Elle atteint immédiatement toute vérité des choses et des êtres. Elle est en soi redoutable car notre cerveau humain ne peut s'imaginer pareil fonctionnement Pourtant, nos âmes ont besoin de repères portant, les âmes et les esprits. Elle atteint immédiatement toute vérités des choses et des êtres. Elle est en soi redoutable car notre cerveau ne peut imaginer pareil fonctionnement Pourtant, nos âmes et nos esprits l'ont bien institué pour avoir une réfernce en la matière et c'est une justice qui s'active en permanence. Elle ne juge qu'à l'aune de ses grandes âmes que sont les saints, les prophètes qui sont venus ici-bas, nous côtoyer. Ce sont des sages qui s'expriment à la face de Dieu qui confirme ou adoucit le jugement émis. Notre histoire ne sera pas exempte de compte à rendre devant cette juridiction céleste et la balance du bien et du mal devra peser à sa juste valeur nos comportements sur les durées civlisatoires. Chaque génération y est invitée et elle fait l'objet d'un débat où son dévoilés les points positifs et négatifs et les points forts des moments vécus. Toute vérité s'y exprime dans la plénitude et elle est reçue par la sagesse et la lumière divine éclaire soudainement l'apparition d'un jugement impartial et juste. Nos mots et nos verbes n'ont pas assez de portée pour en définir la quintessence. A titre d'exemple, je citerai les faits de guerre ,leur nature,leurs responsables ,leurs atrocités et enfin un jugement doit tomber et sanctionner au nom des âmes victimes de ces violences humaines les responsables décideurs de ces agissements. Tout ceci pour enclencher les forces du pardon, lesquelles attendent dans l'antichambre du tribunal pour s'exprimer. Il faut bien que justice soit rendue à ces nombreuses âmes victimes de ces agissements. Oui, je le dis ici, le tribunal de l'histoire de l'humanité siégeant dans l'autre dimension, ne laisse aucune action atroce des hommes dans l'oubli.

Nous, nous aurons à justifier pourquoi nous avons pris l'humanité en otage avec nos systèmes d'armes sophistiquées des technologies militaires modernes, tels le nucléaire, le bactériologique et le virale etc. En prenant l'humanité en otage avec les forces en présence, nous condamnons l'avenir. Pour l'âme naissante, elle arrive dans une dimension déjà condamnée par l'homme. C'est inadmissible ! Et puis, c'est aussi une offense au Créateur ! L'homme s'est rendu maître de ce monde terrestre, du moins l'a-t-il pris en otage car avant les temps dits modernes, il n'en avait pas les possibilités et les pouvoirs. Fallait-il la mise en place d'un tel dispositif pour que l'humanité progresse ? En tout cas, cette philosophie de faire peur à l'autre et menacer de tout réduire en poussière se révèle être des plus basses et abjectes.

L'humain n'avait jamais été aussi loin et il s'est retrouvé prisonnier de ses propres chaînes en s'enfermant dans sa propre prison. Faut-il que notre sens de la négation des forces spirituelles et positives soit globalement puissant et notre manque de croyance en une autre dimension et Dieu absente de notre mental ?

Je le dis, le tribunal de l'histoire humaine devra juger du pourquoi d'une telle chose et ceux qui nous dirigent dans le péremptoire sont en train de perdre leurs âmes. C'est une offense faîtes à Dieu, de prendre en otage cette Terre ou un souffle de liberté des esprits se mettait en marche. Tout a été stoppé, car dorénavant nous avons édifié des forces puissantes et redoutables, destructrices, mençantes par une terreur organisée. Je sais, en naissant il faut déjà s'apprêter à mourir ! Mais de grâce, pas avant d'avoir connu la vie et surtout sans cette épée de Damoclès suspensue constamment au dessus de nos têtes. Plus les sociétés avancent et plus elles fortifient un sentiment d'indépendance de l'esprit. L'âme adhère au groupe ou se démet et elle ne peut plus exister que dans une grande marginilisation. On a l'impression que tout devient ultimatum et notre libre détermination n'existe plus, car nous sommes mis devant le fait accompli et condamnés à l'avance.Drôle de société qui se dit intelligente et élevée !

Le jugement qui tombera devant la juridiction spirituelle sera terrible et de nombreuses âmes vont en pâtir car il faudra d'innombrables forces du pardon pour remettre les choses en ordre dans la sérénité, la liberté, la sagesse du monde. Avec un tel sujet, Jésus nous aurait dit : « Je suis venu m'occuper des affaires du Père et y mettre de l'ordre, car vous en avez fait n'importe quoi et surtout pris une orientation vous rendant prisonniers dans une prison bâtie de vos mains. Mais vous avez également pris en otage le bien du Père qu'est la Terre et les autres âmes et de cela il en est courroucé et attristé ! ».

39. CIVILISATIONS EN MARCHE.

Sur cette Terre, d'autres civilisations ont existé et la notre n'est pas la seule à avancer dans l'histoire et le temps défini pour l'humanité. Auparavant, d'autres ont eu leurs temps de gloire et de règne. Malheureusement, toutes se sont étteintes sur la durée, car elles sont faîtes à l'image des hommes, suivant leurs niveaux moraux, intellectuels, spirituels. Il est impossible à une civilisation, si elle ne s'élève pas dans les trois niveaux décrits, elle périclite et disparaît. Nos ancêtres en ont fait l'expérience, car ils en avaient assis les bases, en bien des cas, sur les pouvoirs dominateurs et guerriers. Ce ne sont pas des vues nobles et à terme elles disloquent la structure plus qu'elles ne la consolident et la confortent. Des civilisations anciennes ont été puissantes. Les Perses conquirent des contrées immenses, les Grecs étaient peu conquérants mais ils recherchaient un raffinement en la matière. Les Romains établirent leur règne sur certains principes militaires, lesquels sont toujours d'actualité en certains pays occidentaux. Je veux parler de la prédominance de l'ordre militaire et ses légions sur le civil qui doit se soumettre. Conception aujourd'hui éculée de la démocratie régnante et Jules César a eu ses heures de gloire, mais aussi ses propres limités intellectuels et morales. Ne les copions pas et ne faisons pas des despotes des héros ou des vedettes de nos temps modernes. Pourtant, notre civilisation répond, dans ses grands fondements, et parfois dans son esprit à cette philosophie : l'ordre civil étant encadré par l'ordre militaire ou policier. Nous n'avons donc pas fait, quoi que l'on en dise, beaucoup de chemin au bout de deux mille ans d'histoire. Avec soixante-quinze ans de durée de vie d'un humain par génération, nous ne pouvons donner un sens fiable et pérenne à notre conduite d'un tous ensemble plus élevé, fraternel et juste. Il existe bien, sur Terre, plusieurs civilisations qui interfèrent entre-elles. La dominante est l'occidentale qui domine avec ses artifices technologiques, mais également ses faiblesses portées par le tout argent et le peu d'élévation spirituelle. Elle a conquis de nombreuses zones telle l'Amérique. Le modèle capitaliste a envahi le monde et désormais, il n'existe plus qu'une philosophie porteuse de sens dans toutes nos civilisations. L'Asiatique est puissante et conséquente , avec également la Chinoise qui a des forces puissantes reliées à une existence très longues ,voire la plus longue,car formée aux temps premiers de l'humanité éveillée.

Les moyen-orientales sont également puissantes, mais se laissent dominer par leurs sentiments, avec un Islam pénétrant et incisif dans ses visions sur l'extérieur. C'est une civilisation hégémonique reliant de nombreux pays émergeant dans leur développement.

L'Africaine est aussi une très vieille civilisation et le niveau des pays la composant a du mal à se consolider et s'affirmer. C'est une civilisation en danger d'extinction, tout au moins de résorption.

L'Australie est un continent et sa civilisation rejoint l'occidentale dans sa grande conception Il n'y a donc pas de différence majeure.

L'Amérique du Nord porte une civilisation incluse dans l'occidentale et s'en approche profondément. L'Amérique du Sud reflète, elle, la présence de très vieilles civilisations indiennes, telles l'Incas, la Maya et Aztèque etc... Aujourd'hui, elle se relie à l'occidentale pour une grande partie et ceci par l'influence des conquistadors espagnols et portugais ayant essayé d'en modifier les comportements et les bases ancestrales. Ces colonisateurs, missionnaires et conquérants reléguèrent des coutumes âgées de plusieurs millénaires aux oubliettes pour siéger au sein des musées.

Toutes ces civilisations, et j'en oublie certainement car certaines ne sont que balbutiantes et primaires dans leur matérialisation,ont tendance à s'interpénétrer et en finalité s'unir sur leurs différences et définir mondialement une humanité nivelée , sur beaucoup de points. De nombreuses valeurs positives attachées aux petites civilisations ont été ruinées par cette unification puissante se reliant au dominant. Les sociétés interfèrent entre-elles et à l'époque de la mondialisation, nous simplifions à l'excès le schéma du monde humanisé. Dangereuse dérive qui nivelle sans cesse les différences et nous fait mettre tous nos oeufs dans le même panier. En simplifiant les schémas multi civilisations, nous nous entraînons vers des sociétés faibles et vulnérables, sans libre détermination. On le voit, les libertés se restreignent de jour en jour en occident. Au moyen Orient les extrêmes religieux cherchent à influencer la marche du monde par le terrorisme et la violence.

Globalement, nous n'arrivons pas à nous élever spirituellement pour affirmer un avenir pérenne à nos institutions humaines. Chaque peuple, aujourd'hui, se vautre dans les fanges de l'argent roi et des possessions égoïstes.

L'homme oublie son esprit et son âme et c'est très dommageable. Des effets néfastes apparaissent sur la logique constructive des civilisations. Elles seront éphémères si nous n'adhérons pas au schéma du mûrissement de l'esprit et ses conséquences positives induites.

40. TOUTES LES AMES SE REINCARNENT-ELLES ?

C'est une question primordiale de savoir si toutes les âmes ont accès à la réincarnation et quel en est le grand sens ?

Dans le cheminement des idées sur notre âme, il faut la définir comme neuve, unique et bâtie pour une existence. Les forces de l'esprit qui l'animent nous échappent souvent quant à l'analyse de leurs contours. Ainsi, cette âme, ou ces âmes nous perdent sur leurs parcours et elles se construisent un monde secret. Nous pouvons dire qu'une vie est déjà un satisfecit pour une âme. Alors, revient-elle dans notre monde de sa seule volonté de donner le meilleur d'elle-même aux autres, cela est fort possible. Nous savons que les diverses religions lui offrent un séjour dans le bienheureux et les béatitudes par différents niveaux suivant ses mérites. Nous pensons, de plus en plus, que l'état des âmes n'est pas statique et elles entrent dans une grande dynamique des évolutions sur le plan spirituel. A partir de cette constatation, nous savons qu'elle est l'élément de l'autre monde et qu'elle y retourne pour y séjourner.

Vous allez me dire, cela fait beaucoup de dynamiques lancées en même temps. Oui et non, car celle des âmes interfère avec celle des sociétés et des civilisations. Plus il y a un travail positif en la matière et plus la société et la civilisation se raffermissent en dessinant, dans leur for intérieur, un avenir dit positif et bienfaisant. Tous les humains ont une âme. A chacun ses particularités attachées aux valeurs reconnues de l'esprit. Mais, on peut penser que nous les humains ne sommes pas les seules âmes existantes. Les autres espèces ou formes de vie nous accompagnant portent en elles cette possibilité. Le premier à s'en apercevoir fut Platon, grand philosophe Grec, qui déduisit sur la réincarnation tout un monde. L'homme, son espèce, n'est pas la seule à porter des sentiments nobles, d'autres espèces les détiennent également et elles se constituent une âme. Que nous le voulions ou non ! Nous aurions donc la possibilité de nous réincarner sous la forme d'un animal et prendre toutes les caractéristiques de l'espèce même.

Sur ce sujet et ses interrogations, peu de gens s'y engage, car nous avons de la vie nous accompagnant peu d'égards et de considération.

Alors, si nous devons passer une vie sous une forme différente, nous pouvons être choqués. Si cette réincarnation sous différentes formes l'affirme, nous devrions connaître des difficultés de l'existant. Platon nous indiquait que la forme animale était d'une consistance reliée à un purgatoire et une rédemption. L'âme en question devant expier ses pêchés ou ses erreurs et se mettre sur la ligne jugée correcte des avancées. Si cela se révèle la vérité en la matière, il faut s'estimer très prudent et respectueux avec le monde du vivant. Nous les humains avons tendance à simplifier grandement le schéma et nous satisfaire de nos jouissances matérielles et égoïstes. Rien n'affirme que nous ayons raison et nous devons porter un regard interrogateur et bienveillant sur la vie entière et être conscient que son existence fine et son essence sont situées dans les monde des esprits et des âmes.ils dépendent d'une autre dimension effacée, invisible, dont l'existence se confirme de jour en jour.

Le monde de Hindouisme aborde la vie par cycles réincarnatoires et c'est la roue du même nom qui procède à ces activations.Ces éléments sont également du domaine de l'invisible pour notre monde. Il faut aussi noter que l'âme attend quelque part un accès sur une ligne d'un bonheur vécu. En se réincarnant rapidement et successivement elle entre dans un univers qui use et fatigue son essence même. Donc, si je crois à la réincarnation, je pense également que nos âmes sont fragiles et parfois très fatiguées de tous les errements terrestres. Elle connaît sur ses états des variantes qui influent sur ses qualités.

Ce monde de l'esprit est celui de notre Père à tous qui nous aime tant.

Tout cela reste d'un mystère total et je n'ai pas reçu instruction de vous faire pénétrer dans les mondes de l'Hadès et de la Géhenne. Ces royaumes dits des morts sont pour les âmes éprouvants et il faut espérer qu'elles se libèrent facilement pour continuer leur propre aventure et leur périple.

41. DE L'ABSTRAIT AU CONSCIENT EN PASSANT PAR L'IMAGINAIRE.

Vous l'aurez compris, certains chapitres sont le fruit de mon imagination alliée à l'inspiration, suivant des pistes réellement ouvertes et déjà empruntées par d'autres auteurs. Je ne puis rester indifférent sur le monde de notre PERE A TOUS et sa Création infinie. Pour construire cet ouvrage, j'ai fait appel à un savoir emmagasiné et construit au sein de ma mémoire. Celui-ci provient de plusieurs sources et il est le fruit en premier de ma pré instruction avant ma naissance physique, puis la connaissance constituée par ma mémoire et son mental, et enfin par l'apport qu'a bien voulu me donner le voyage astral que j'ai effectué. S'ajoute à cet ensemble la consultation de textes sur le sujet de différents auteurs afin d'étayer mes développements. Aussi, j'approche dans mes descriptions trois réalités : l'abstraite, la consciente et l'imaginaire. Nous savons que la conscience est affirmée et ancrée, mais l'abstraite et l'imaginaire font partie de l'irréalité qui parfois dessine le futur devant nos pas.

Les mondes de l'âme et de l'esprit sont situés hors de nos capacités d'analyses cartésiennes et scientifiques. Ils résident dans l'abstrait où l'imaginaire permet d'y faire ressortir des visions ordonnées et approchées de réalités organisées et régnantes. En somme, il y a ce que nous palpons, inventorions, bougeons, manipulons et ce qui se situe dans le concret des réalités matérialisées et puis le reste que nous ressentons et parfois appréhendons avec nos dons et nos pensées intuitives. Il s'agit du monde de l'abstrait où résident notre âme et ses pensées intimes. Ainsi, il faut aller chercher très loin devant nous ces réalités imagées pour les rendre perceptibles au plus grand nombre. Ce sont elles qui permettent l'avancée des mondes et nous entraînent sur des voies riches d'enseignements aux capacités supra physiques, psychiques et physiologiques , philosophiques.

Nous, humains, voulons un monde identifiable dans le concret par la science et ses avancées. Nous avons raison sur certains points, car en philosophant sous cet angle aigu, nous occultons l'ensemble que nous ne voyons pas. Globalement, nous avons construit notre appréhension des réalités dans le solide et l'explication rationnelle. Tout ce qui ne s'y rapproche pas appartient au monde du rêve, du phantasme, des utopies enfin à celui des sphères évanescentes et fuyantes.

Je crois, je n'y crois pas, voilà le pas de danse du genre humain sans cesse interpellé par ces voies difficiles qui nous demande d'adhérer sans contre partie, ni sans compromis quelconque. Athées, croyants, agnostiques, infidèles, impis ne sont que des mots empruntés à nos langages, mais ils restent souvent sans signification affirmée. Dans les profondeurs de l'être humain, il se passe de grande chose. C'est là que se déroule ce combat héréditairement fixé, entrainant sans cesse la question métaphysique : « Crois-je ou ne crois-je pas ? » Comme disait St Thomas : « Croyons ce que nous voyons et touchons ! » C'est également une sage mesure qui permet de prendre du recul sur les pensées humaines. Il ne s'agit pas non plus de faire un chèque en blanc pour se faire manoeuvrer. Mais, si on a confiance en Dieu, tout change et l'on peut dire je crois et même obtenir un degré supplémentaire qu'est la foi. Ainsi nous pourrons dire : « Je crois, mais je n'ai pas besoin de voir ! ». Jésus nous disait que l'homme était un bienheureux quand il croyait uniquement sur sa simple intuition ou ses facultés de divinations.

En naviguant de l'abstrait au concret se forment au passage, le mental et l'esprit des hommes, des êtres animés, afin qu'ils puissent partager et prendre conscience de l'existant. En dehors de cela il n'y a rien, car s'ouvrent le néant et ses Abîmes.

42. INVENTIONS, IMAGINATIONS, MANIPULATIONS ET REALITES ?

Nous venons de le voir, l'imaginaire à certainement sa part dans la construction de nos sociétés et nos civilisations. A partir de là, il a certainement créé des inventions et des manipulations sur la grande chaîne des avancées humaines, au niveau de la pensée. Les manipulations ont peut-être plus d'importance que nous le pensons. Regardons en les exemples ! Certains nous disent que le monde serait finalement situé dans la dominance du genre masculin. Par contre, nous constatons bien que l'espèce humaine comporte les deux genres, alors pourquoi doit-il s'imposer au féminin ? Ce dernier aurait-il un destin nettement plus insignifiant que le masculin ? A l'analyse, , nous dirons que non,car l'enfantement , la beauté, la grâce,la finesse, la continuité du monde humain, c'est par la féminité qu'elle doit passer. Porter en soi la pérennité du monde et tous les espoirs est certainement la plus grande possibilité présente. Mais, pourquoi le masculin affirme-t-il une telle domination ? L'explication semble s'affirmer dans la nature même des individus et dans une dominance des sentiments et expressions plus grossières et moins nobles. Ainsi, la force physique et le goût du pouvoir, alliés à ceux des sentiments de dominance ont envahi l'espèce au niveau du masculin précisément. D'emblée et par nature, le male s'est imposé et s'est vite défini comme le maître d'une situation existentielle primaire. Il fallait que ce fût lui qui domine, car si l'inverse s'était produit, il en aurait sorti frustré. Rien donc ne concourrait vers le respect des êtres au sein des genres. Le sexe, nous l'avons vu, permettait une approche des deux genres peu sophistiquée à l'analyse concrète. Après avoir installé sa dominance sur sa compagne, le male s'attachait à asseoir celle-ci sur ses contemporains. Cette dernière s'affirma très vite et il rivalisa d'ingéniosité pour confisquer à l'autre sa liberté et son entière détermination. Ainsi, s'établissaient grossièrement les bases réflectives et comportementales sur lesquelles nos sociétés et nos civilisations se sont formées. Après avoir lutté pour l'affirmation et la suprématie de son genre, l'humain male ,se retourna vite vers ses semblables et au-delà de la dominance intellectuelle ,il développa celle physique avec les combats,la guerre et toutes les formes qui éliminent l'autre devenu gênant. Nous le voyons, tout s'est installé dans une lutte sourde concernant la domination qu'elle soit physique ou intellectuelle. Plus, envers sa compagne, l'homo définit qu'elle n'avait pas d'âme, ni de conscience et qu'elle n'était qu'une créature. Il établissait une suprématie sur tout ce qui l'entourait dans son espace temps. Donc, avec l'avancée de l'histoire, nous pouvons dire que les définitions sociales et de civilisations ,voire comportementales ont grandement été affectées.Le modèle actuel qui nous guide et qui se trouve sous nos yeux est peu emprunt d'une objectivité sur la réalité originelle finement analysée. A partir de là, ne nous étonnons pas si certaines de nos croyances sont empruntes de tels sentiments. La fidélité à une objectivité de l'histoire humaine et des civilisations reste à définir et nos errements actuels se trouvent certainement aux antipodes des analyses plus fines et éthérées. Qu'elle est donc l'importance des manipulations dans un tel système de société ? Nous ne pouvons y répondre et le message original a été transformé grandement pour s'affirmer et se dévoiler en notre temps. Pouvoir et dominance ont été les maîtres mots sur Amour et Bonté. L'affrontement de ces valeurs s'est amplifié avec le temps.

Même au niveau des religions, il faut être prudent quant aux véracités affirmées. Nous ne sommes pas sûrs qu'il n'y ait pas eu également en ces matières sujettes à établir un pouvoir sur l'autre. Là réside bien un mystère ? L'homme manoeuvrerait depuis des millénaires pour établir une dominance sur l'autre ou bien sur des groupes entiers et constitués des sociétés. Ainsi, il canalisait la pensée et l'influençait pour la structurer vers une voie ou des voies prédéfinies. Nous sommes là avec nos héritages et parfois nous ne savons plus les gérer car ils nous apparaissent avec le temps et le recul nécessaires, lourdement chargés des manipulations humaines. Alors, faut-il s'en remettre au pouvoir secret de la vérité ? Je crois que oui et elle est neutre dans tous ses aspects.Elle éclaire nos raisonnements à la seule condition que nous puissions l'approcher, l'appréhender et la supporter. En l'occurrence, elle pourrait bien nous surprendre et nous asséner un coup sur notre intellectualisme manipulé et orienté. C'est pour cela qu'elle est secrète et furtive pour ne pas nous perturber dans les profondeurs de nos esprits.

Pour moi, cela ne remet pas en cause l'existence de Dieu et son monde dans la dimension que nous côtoyons. Il est certain que devant de tels constats, nous aurions tendance à devenir agnostiques ou athées car ils sont accablants et ils reflètent un comportement humain pas toujours honnête, digne et sincère.

Peut-être, en abordant ce chapitre, ai-je introduit plus errance au sein de votre esprit ? Veuillez m'en excuser car en tant qu'auteur, j'essaie de pénétrer un sujet qui se révèle très difficile dans l'appréhension de tous ses paramètres et mécanismes. Je vous rassure, pour ma part, je crois que les forces spirituelles sont bien au-delà de nos analyses comportementales. Elles sont d'un degré supérieur et l'esprit, l'âme s'élèvent toujours au dessus de ces simples tourments. Le cauchemar est inférieur au rêve dans sa qualité et bien notre propre volonté que nous avons imposée pour notre vision du monde est bien inférieure à celle de l'esprit et son monde spirituel. Ne doutons pas de la pureté et de la splendeur de la vérité épanouie et régnante ainsi que du merveilleux des sentiments développés et affirmés.

43. ESPOIR DES HOMMES !

Devant nous se situe une grande espérance, celle de faire progresser notre ou nos civilisations ainsi que nos sociétés. Un progrès est à notre portée sur de nombreux points de vue, notamment sur ceux touchant aux sentiments internes de l'être, mais également vers la partie spirituelle. Cette dernière nous ouvrira les portes à une vie meilleure entre nous tous. Nous pourrons ainsi construire un demain plus sûr et affirmé. Les affres qui sont parmi nous et nous dominent sans cesse seront repoussés au font de notre vécu quotidien. Il va falloir réaffirmer nos capacités de tous nous aimer plus sincèrement et généreusement. Ainsi, disparaîtront les sentiments haineux, de la dominance, jalousie et hypocrisie. Un amour serein et régnant établira son règne. Vous allez me dire : « Mais, c'est une utopie ! » Pas tant que cela et si nous faisons naître une réelle philosophie portée par ces richesses, nous verrons se dessiner et sortir des brumes notre futur et un avenir de meilleure qualité. N'ayons plus peur de nos sentiments nobles et ne nous retournons pas aussitôt pour regretter nos actions positives. Nous avons en nous beaucoup de grands sentiments qui élèvent notre âme et la propulsent au sommet des échelons spirituels. Il suffit que nous laissions parler nos coeurs. Le reste nous sera donné en surplus. Nous devons également veiller sur nos technologies emballées et parfois malfaisantes. Sur ce point, l'équilibre du vivant sur notre planète le sollicite vivement et ardemment. Il va falloir ménager notre berceau et tenir compte de son utilité sans tergiversations et faux-fuyants. Nous devons favoriser l'émergence d'un monde plus vrai et sincère dans ses sentiments nobles. Il va falloir arrêter de nous opposer sans cesse pour un oui ou un non. L'homme luttant contre l'homme est un faux combat où l'amour se retrouve outragé et blessé. Il investit en nous et nous demande sans cesse d'affirmer son devenir et son existence.

L'idée d'une qualité de vie supérieure doit émerger des brumes des incertitudes et nous définir une idée du bonheur très développée. Le bonheur n'est pas non plus l'argent à gogo et tous ses plaisirs avec d'innombrables corollaires aux limites bien fixées. Le matérialisme allié au capitalisme forme dans leur accession dominante une sorte de bonheur éphémère où se réfugie l'homme et sa société. C'est une voie sans issue qui s'ouvre à nous et elle condamne sur le long terme le développement de notre conscience supérieure et donc de l'accessit aux niveaux spirituels. Sur ces matières, quand nous aurons bien analysé le sujet, nous nous apercevrons de notre erreur et nous bifurquerons vers une philosophie de vie moins superficielle. Ce qui s'ouvrira à nous, alors, sera d'une plus grande dimension spirituelle et d'un bonheur élevé. Nos civilisations, dans leur globalité, souhaitent cet accessit pour entrer dans la pérennité bien structurée. Ainsi, notre solidarité en sortirait renforcée et nous emprunterions le bon chemin facilitant le travail de l'âme et de l'esprit humains. Je pense que nous devrons nous déterminer très prochainement sur nos orientations de civilisations et de sociétés. Pour ou contre le tout argent ? Pour ou contre l'exploitation irraisonnée des ressources terrestres ? Pour ou contre le respect du vivant nous accompagnant au sein de ce que nous appelons la Nature ? Pour ou contre une croyance dans un monde situé dans l'abstrait où l'âme dans sa quintessence se réfugie ? Pour ou contre une philosophie pensée et appliquée définissant que notre corps est un assemblage complexe portant en lui deux éléments aux formes différentes : le physique et l'esprit avec l'âme ? Pour ou contre un enseignement et un savoir considérant l'éveil de la conscience aux confins de la vie balbutiante, c'est-à-dire embryonnaire ? Les éléments de ce débat sont longs, nombreux et ici la liste n'est pas exhaustive. J'espère de tout coeur que la positivité de l'être peut l'emporter sur la négativité d'un monde bâti pour périr avec ses éléments. Je sais, même notre planète est périssable à tout moment, mais nous savons également que dans plusieurs milliards d'années, le soleil, notre astre bienfaiteur, va s'éteindre pour se transformer progressivement en planète froide. Tout serait donc éphémère et toute notre énergie serait employée à ouvrir une porte vers des temps plus sûrs et non périssables. Nous y sommes presque parvenus, alors ne nous arrêtons pas en si bon chemin. Notre sauvegarde se présente actuellement sous deux formes : l'une allant vers le spirituel et son monde plus abstrait et l'autre dans le matériel et la conquête spatiale. L'un et l'autre nous ouvrent une porte sur la survie, mais il faut considérer la dernière voie comme ardue et non affirmée, car elle dépend grandement de l'accès à des technologies supérieures. A présent, l'humanité semble se réfugier dans ses propres capacités offertes par le matériel et la technologie ambiante. En somme, elle se borne à définir un bonheur relatif entraînant une sauvegarde bien légère et peu affirmée pour l'ensemble de vie planétaire.

Que nous le voulions ou non, il existe une dominance structurelle originelle supérieure du monde spirituel sur celui du matériel et la matière structurée. Ce n'est certainement que justice et vérité car cela donne à la pensée elle-même, à la conscience, et à l'âme une suprématie sur des éléments bien définis dans la matérialisation. Ainsi, est formé le monde car finalement l'essentiel réside dans les forces passives et abstraites de la pensée. Cette pensée influence la matière et la force à se définir selon un ordre qui lui est suggéré. Tout n'est donc pas si futile et notre aventure, ici-bas, n'est que le reflet d'une très grande dynamique universelle. Celle de mondes matériels qui sont sous influence de forces résidant dans celui ou ceux spirituels. Si nous évoluons ainsi avec de tels éléments en nous, c'est que l'ensemble nous confie une part de lui-même et nous considère sur la marche des temps. Il faut s'en féliciter et garder l'espoir vif et permanent dans notre accès, jusque là inconnu, au bonheur et capacités cachées qu'il renferme.

Tout d'abord une amélioration de nos capacités fonctionnelles et intellectuelles en acquérant une possibilité génétique de pré instruction. Savoir accéder à une connaissance dont la banque de données universelles est immense et d'un développement grandiose. Ces possibilités sont inhérentes à l'ouverture de nos cerveaux et elles sont offertes par le monde spirituel, sous des formes que nous ne soupçonnons pas. Elle est en fait une onde parcourant tous ensembles et toute matière, en tous lieux, espace, volume et temps. Nous pourrons y accéder qu'après une élévation spirituelle. Ainsi, nous entrerons dans l'ère de la pré instruction de l'âme. Nous devrions également rénover nos systèmes de pensées après avoir découvert l'influence de celle-ci sur la matière en générale et les évènements en particulier. Cette même pensée dirigera les mêmes forces artificielles et leur dictera leur travail et obligations souhaitées. Nous adhérons très vite aux sciences de la télépathie, laquelle deviendra notre façon de communiquer.

Des sciences encore balbutiantes et très méconnues s'affirmeront telle la mécanique cantique et son quanta pouvant influer sur nos lendemains. Des connaissances seront mises à jour sur les capacités fines de la vie et les mystères de la parthénogenèse seront dévoilés. Ainsi, nous constaterons que l'homme fait bien partie des espèces ayant cette richesse induite et que la femme , en période de très grandes difficultés affirmées du monde, est capable de sauver l'espèce sans la présence de l'homme mâle. Curieuse apparence ancrée au fond de la Nature pour définir sa sauvegarde !

Puis, il va falloir nous apprendre à considérer dans nos sociétés l'autodiscipline de l'être et lui laisser toute faculté de comportement sans entrer dans un carcan des interdits et du tout répressif. Aujourd'hui, les individus sont très encadrés pour ne pas pouvoir remettre en cause une société très statique et peu évolutive. Cette même société, pour sauver sa conception régnante, entretient des forces d'encadrement sensiblement évaluées très bientôt à un pour un. Il existe donc un policier ou un gendarme en exercice pour un citoyen, ce qui est en démocratie aberrant. La République doit faire émerger la démocratie ambiante rendant l'homme libre et non établir un potentiel de forces répressives maximum. Ainsi, quand ce même citoyen manifeste, il ne peut pas, avec de telles forces opposées, s'exprimer et être entendu dans ses légitimes revendications. Tout se neutralise donc et la démocratie et la liberté attendent encore dans l'anti-chambre des libertés. Il nous faudra corriger tous ces errements.

44. CONCLUSION

Ma pensée et mon inspiration ont voyagé dans le silence. Seule ma plume, en émettant un léger bruit sur le papier a rompu ce silence. C'en est encore trop, car j'ai éveillé les mondes de mon bruissement particulier. J'aurais pourtant dû écouter ce silence et laisser toutes ces pages blanches. Tout cela ne serait-il que vanité ? Peut-être, car en d'autres lieux ce serait l'affirmation du silence qui fortifierait la communication entre nos âmes. Qui m'a poussé à rompre ce silence instructeur, si ce n'est l'inspiration et le fort désir de communiquer avec vous. Peut-être ai-je forcé le destin des pensées en agissant de la sorte, car imperceptiblement les choses s'ordonnaient, se mettaient en place et nous atteignaient plus profondément. Je n'ai pas les riches possibilités de ce silence et c'est plus laborieusement que je vais vers vous rempli des sentiments profonds qui font vibrer les âmes. La voie que j'emprunte n'est peut-être pas la meilleure et la plus efficace. Elle n'est pas celle des plus humbles, ceux qui ont atteint un degré de la sagesse, et un accès direct au monde de la simplicité. Je n'en suis pas là et ma pensée spirituelle s'affiche ouvertement dans la mesure où mon âme veut entrer en contact avec les autres âmes. C'est donc bien, ici, un monde vibratoire qui nous absorbe et il agit dans sa puissance effacée et discrète, aux limites du monde de l'abstrait, celui où règne le silence et bien d'autres vertus et richesses qui nous remplissent d'allégresse.

****

Tables de Matières

Préambule 1		5
QUELQUES PENSEES PROFONDES		9
INTRODUCTION		11
1.	LES AMES.	12
2.	MON EDUCATION	13
3.	LA PENITENCE	16
4.	L'INSPIRATION	17
5.	DIALOGUE AVEC DIEU	18
6.	LE PATRIARCHE ET LES PREMIERES PERSONNES BIBLIQUES.	20
7.	LA DESCENDANCE D'EVE	23
8.	A QUOI SERT-IL DE CROIRE ?	25
9.	QU'EST-CE QUE LA PRIERE ?	26
10.	J'AI RENCONTRE DIEU	28
00.	ETRE UN ELU ?	30
11.	LA CONSCIENCE !	32
12.	LE SILENCE	36
13.	LA SOLITUDE DE L'ETRE.	37
14.	LA PHILOSOPHIE ET L'ENSEIGNEMENT DE JESUS.	39
15.	LIEUX DE MANIFESTATION DE L'AU-DELA.	53
16.	L'UNIVERS DES SENTIMENTS.	56
17.	L'EGLISE N'EST PAS DIEU !	62

18.	L'ACCES AUX DONS DIVINATOIRES.	64
19.	LE MONDE DES SONGES.	66
20.	SONGES ET CROYANCES DIVERSES Avec leurs Symboles.	67
21.	LES SOCIETES ET LES RELIGIONS	68
22.	PERIODICITE ET QUALITE DES RELATIONS AVEC L'AUTRE MONDE.	72
23.	SCIENCE SANS CONSCIENCE, EGALE RUINE DE L'AME !	78
24.	LES TEXTES SACRES. NOUS AVONS OUVERT UN MONDE !	88
25.	EXISTE-T-IL UNE PREDESTINATION A S'AFFIRMER VERS LE FEMININ OU LE MASCULIN ?	95
26.	POURQUOI N'EXISTE-T-IL PAS UNE PASSERELLE OU UN LIEN PLUS AFFIRME ENTRE NOS DEUX MONDES ?	99
27.	MON IMAGE DE DIEU	102
28.	SYMBOLISME DU VIN DANS LA CHRETIENTE	108
29.	JUGEMENT SUR CES PHILOSOPHIES ET CONSTATS D'EXISTENCE !	110
30.	TOUT UN PROGRAMME : L'AUTRE DIMENSION ET SON MONDE MERVEILLEUX.	118
31.	OISEAUX DIVINS.	125
32.	NOTRE AMI L'ARBRE ET SA SOCIETE.	129
33.	ATLANTIDE : LEGENDE OU VERITE, MYTHE OU REALITE ?	132
34.	SAINTE ROSE DE LIMA.	138
35.	LES ANGES DE L'APOCALYPSE.	141
36.	SOUFFRANCE OU BONHEUR DE L'HUMANITE ?	143

37.	SODOME ET GOMORRHE ET LA VERTU !	145
38.	TRIBUNAL DE L'HISTOIRE HUMAINE SIEGEANT EN PERMANENCE DANS LA DIMENSION SPIRITUELLE.	152
39.	CIVILISATIONS EN MARCHE.	158
40.	TOUTES LES AMES SE REINCARNENT-ELLES ?	161
41.	DE L'ABSTRAIT AU CONSCIENT EN PASSANT PAR L'IMAGINAIRE.	163
42.	INVENTIONS, IMAGINATIONS, MANIPULATIONS ET REALITES ?	165
43.	ESPOIR DES HOMMES !	168
44.	CONCLUSION	172